Einfach kochen!

Einfach Gote!

Helmut Gote

Einfach kochen!

Einfach Gote!

DUMONT

Inhalt

Kuchen und Süßes

Snacks, Party und Co.

Vorwort

Zu den vielen positiven Reaktionen auf meine Einfach-Gote-Rezepte in der Sendung ›WDR 2 Westzeit‹ gehört auch immer wieder die Frage, ob es eigentlich ein Kochbuch von mir gebe. Hier ist es nun: 100 appetitanregende Rezepte für die verschiedenen Jahreszeiten, für Partys, Buffets und Kaffeeklatsch.

Wie in der ›WDR 2 Westzeit‹ sind alle diese Rezepte sehr alltagstauglich und mit etwas Übung einfach nachzukochen – das gilt für die Klassiker wie feine Apfelpfannkuchen und falscher Hase, aber auch für etwas ungewöhnliche Zubereitungen wie Curry-Muscheln und Bottroper Mettbrötchen. Die Lust aufs Essen kommt dabei von allein. Schließlich ist nicht nur schon das Kochen selbst ein sinnliches Vergnügen, sondern es kommt eben auch immer etwas Leckeres dabei heraus.

Natürlich habe ich die Rezepte selbst mehrfach ausprobiert und so genau wie möglich aufgeschrieben. Deswegen denke ich, dass sie auch Ihnen problemlos gelingen werden, vor allem, wenn Sie dort, wo es darauf ankommt, niemals an der guten Butter sparen. Denn eigentlich ist Kochen ja wirklich ganz einfach – wenn es Ihnen gut schmeckt, haben Sie alles richtig gemacht.

In diesem Sinne: Ran an den Herd oder »schwupps, ab in die Sauce«, viel Spaß beim Ausprobieren und immer guten Appetit.

Ihr Helmut Gote

Frühling

Spargelsalat

ZUTATEN
für 4 Personen

1 kg weißer Spargel
10 halbe Walnusskerne
10 Blätter Rucola
Butter, Walnussöl, Weißweinessig, Zucker, Salz, Pfeffer

Gut, es fällt mir auch nicht ganz leicht, die prächtigen weißen Stangen sozusagen zu »zerschälen«, aber für diesen Salat lohnt es sich wirklich.

ZUBEREITUNG Schälen Sie zunächst den Spargel wie immer sehr sorgfältig, und schneiden Sie die unteren Enden von den Stangen ab. Wenn Sie einen Gemüsehobel haben, hobeln Sie nun die Stangen der Länge nach in etwa 2 Millimeter dicke Streifen. Oder Sie schälen ihn einfach mit dem Sparschäler so dick wie möglich weiter, bis die Stange komplett zu bandnudelartigen Streifen geschält ist. Diese Streifen dünsten Sie in einem Topf mit etwas Butter und bei gelegentlichem Rühren so lange offen bei mittlerer Hitze, bis sie ihre Spannung verlieren und trotzdem noch ordentlich Biss haben – das dauert ungefähr 5 Minuten, dabei schon salzen und pfeffern.

Hacken Sie die Walnusskerne relativ körnig, zupfen Sie vom Rucola die Stängel ab, und schneiden Sie die Blätter dann quer in sehr feine Streifen. Mischen Sie alle Zutaten miteinander, und schmecken Sie den Salat mit sehr wenig Walnussöl und wirklich nur tropfenweise mit Weißweinessig und einer Prise Zucker ab. Alle diese Aromen sollen nicht vorschmecken, sondern nur den Spargel im Hintergrund begleiten.

Servieren Sie diesen etwas ungewöhnlichen, aber sehr leckeren Salat lauwarm, zum Beispiel als Vorspeise nur mit Toastbrot und Butter oder als Beilage zu Schnitzel und Hühnchenbrust.

Bärlauch-Quiche

Auch wenn der Bärlauch nun schon seit einigen Jahren schwer in Mode gekommen ist, bleibt er beim Kochen ein relativ problematisches Kraut. Die grünen Blätter schmecken ziemlich penetrant nach Knoblauch und manchmal sogar bitter. Deswegen verwende ich Bärlauch generell eher zurückhaltend und lieber in warmen Gerichten, weil er durch das Erhitzen etwas von seiner vordergründigen Aromatik verliert und sich geschmacklich besser anpasst, so etwa beim Zusammenspiel mit Speck und Käse.

Aber bevor es an die Füllung geht, fangen Sie mit dem Mürbeteig an, weil der vor dem Ausrollen eine Zeit lang ruhen muss.

ZUBEREITUNG Das Mehl mit dem Backpulver und dem Salz vermischen, die Butter in Würfel schneiden. Beides mit den Knethaken des Rührgeräts bearbeiten, bis streuselähnliche Knubbel entstehen. Dann das Ei und das Wasser einarbeiten, bis ein geschmeidiger Teig entstanden ist, den Sie in Klarsichtfolie einwickeln und eine Stunde im Kühlschrank ruhen lassen.

In dieser Zeit die Frühlingszwiebeln waschen und putzen, auch das Grün in schmale Röllchen schneiden. Den Speck ebenfalls in dünne Streifen schneiden. Speck und Frühlingszwiebeln in etwas Butter knapp 5 Minuten dünsten, abkühlen lassen. Den Käse raspeln. Von den Bärlauchblättern die Stängel abzupfen, weil darin die meisten Bitterstoffe stecken, dann die Blätter längs halbieren und quer in schmale Streifen schneiden. Die Eier mit der sauren Sahne verquirlen, salzen und ordentlich mit Pfeffer und Muskat würzen. Backofen auf 180 Grad vorheizen.

Zur Fertigstellung der Quiche den Mürbeteig so passend rund für eine große Tarteform oder eine Springform ausrollen, dass noch genug für den etwa 2 Zentimeter hohen Rand übrig bleibt. Teig einlegen, andrücken und gleichmäßig mit den Bärlauchstreifen bestreuen, darüber die abgekühlte Zwiebel-Speckmischung und schließlich den Käse. Zum Schluss die Eiersahne darübergießen und im Backofen 45 Minuten backen.

Form herausnehmen, die Quiche 10 Minuten abkühlen lassen, in gleichmäßige Stücke schneiden und servieren.

ZUTATEN
für 4 Personen

FÜR DEN TEIG
350 g Mehl
1 TL Backpulver
1 TL Salz
150 g Butter
1 Ei
2 EL kaltes Wasser

FÜR DIE FÜLLUNG
1 Bund Frühlingszwiebeln
150 g durchwachsener Speck in Scheiben
150 g Emmentaler Käse
2 Becher saure Sahne (300 g, 10 % Fett)
4 Eier
30 Blätter Bärlauch
Butter, Pfeffer, Salz, Muskat

Spargelröllchen

ZUTATEN
für 6 Röllchen

FÜR DIE REMOULADEN-SAUCE

3 EL Mayonnaise aus
dem Glas (etwa 100 g)
½ Becher Schmand
(ebenfalls 100 g, 10 % Fett)
1 Sardelle (in Salz, aus
dem Glas)
2 kl. Gewürzgurken
10 Blätter frischer Estragon
Zitronensaft
scharfer Senf, Zucker,
Salz, Pfeffer

AUSSERDEM

6 gr. Scheiben gekochter
Schinken
18 mitteldicke Stangen
gekochter Spargel (kalt)

Wenn Sie dieses Kochbuch durchblättern, wird Ihnen aufgefallen sein, dass ich ein Faible für klassische Rezepte der deutschen 70er-Jahre-Küche des vergangenen Jahrhunderts habe. Das ist so ähnlich wie bei großen alten Kinofilmen – wenn sie gut gemacht sind, behalten sie ihren Reiz für immer. Dass ich die Remouladensauce etwas neumodisch dem Beginn des 21. Jahrhunderts angepasst habe, widerspricht dem übrigens nicht, zumindest nicht grundsätzlich.

ZUBEREITUNG Die Gewürzgurken in sehr, sehr kleine Würfelchen schneiden, die Estragonblätter von den Stängeln zupfen und in sehr feine Streifen schneiden. Die Sardelle mit Wasser abspülen und mit einer Gabel zu Mus zerdrücken. Das alles zusammen mit dem Schmand, der Mayonnaise, etwas Senf und ein paar Tropfen Zitronensaft verrühren, anschließend mit ein paar Zuckerkörnern, Salz und frisch gemahlenem Pfeffer abschmecken. 30 Minuten im Kühlschrank durchziehen lassen.

Zum Anrichten die Schinkenscheiben gleichmäßig mit der Remouladensauce bestreichen. Dann jeweils erst eine Stange Spargel auflegen, mit einer Drehung einrollen, die nächste wieder so und dann die dritte, dann weiterrollen, bis die Rolle komplett aufgerollt ist.

Wenn Ihnen das insgesamt etwas zu blass aussieht, dann streuen Sie ordentlich fein gehackte Petersilie oder Schnittlauchröllchen darüber. Und dazu gibt's Toast mit Butter.

Spanien

H.Kl. I

Gemüsezwiebel

Stück -,40 Euro

Fischfilets, orientalisch

Ob meine Frau auch gut kochen kann, gehört in der Rangfolge der mir am meisten gestellten Fragen mindestens auf Rang drei. Die Antwort ist: Ja, mindestens fast so gut wie ich, und am liebsten kocht sie asiatisch oder mit orientalischen Gewürzen. Dieses Rezept, das von ihr stammt, gehört inzwischen zu meinen Lieblings- rezepten mit Fisch, und ich habe es unverändert übernommen – besser geht's nicht.

ZUBEREITUNG   Für die Sauce die Sesampaste mit dem Zitronensaft und dem Wasser verrühren, aber nur nach und nach die Flüssigkeit beim Rühren zugießen – das ist am Anfang etwas zäh, aber bald wird sie flüssiger. Mit dem durchgepress- ten Knoblauch und etwas Salz würzen; es sollte nun eine dünnflüssige, aber leicht cremige Sauce sein, sonst noch etwas Wasser einrühren, dann final mit Salz und Zitronensaft abschmecken.

Die Zwiebeln schälen, längs halbieren und quer in dünne Streifen schneiden, in einem Topf bei niedriger Hitze 5 Minu- ten offen dünsten. Die Sesamsauce dazu- gießen, mit dem Kreuzkümmel und etwas Pfeffer würzen, alles noch einmal 5 Minu- ten leicht köcheln, dabei immer wieder rühren. Zum Schluss die Petersilie ein- streuen, dann warm halten.

Die Fischfilets mit kaltem Wasser ab- waschen und mit Küchenkrepp trocken- tupfen, leicht salzen und pfeffern. In einer großen Pfanne die Filets nun von beiden Seiten jeweils 3 Minuten bei mittlerer Hitze in etwas Olivenöl braten.

Zum Servieren die Filets auf die Teller legen, mit der Sauce überziehen und mit den Pinienkernen bestreuen. Reis passt als Beilage am besten, meine Frau schwört übrigens auf Basmati.

ZUTATEN
für 4 Personen

800 g Fischfilet, zum Beispiel Rotbarsch, Seelachs, Kabeljau

FÜR DIE SAUCE
125 g Tahin (Sesampaste aus dem Bio- oder Asialaden)
2 Knoblauchzehen
Saft von einer halben Zitrone
etwa 0,2 l Wasser
3 Zwiebeln
1 TL gemahlener Kreuz- kümmel
1 EL fein gehackte Petersilie
2 EL Pinienkerne
Olivenöl, Salz, Pfeffer

Spargel in Alufolie

ZUTATEN

für 2 Personen

1 kg weißer Spargel
150 g Butter
1 TL Zucker
Salz
1 Bund Schnittlauch oder
1 EL fein gehackte Peter-
silie

Dieses Rezept gehört zu den beliebtesten, die ich jemals beim WDR 2 vorgestellt habe, weil das Edelgemüse durch das Garen in der Alufolie nichts von seinem Geschmack ans Kochwasser verliert. Außerdem lässt sich dieses Gericht sehr gut vorbereiten. Dass es auch eines der bei den Hörern meistdiskutierten Rezepte war, hat zwei Gründe: Viele mögen den Spargel immer noch am liebsten, wenn er sehr weich gekocht ist. Mir schmecken die weißen Stangen aber am besten, wenn sie zwar gar sind, aber noch etwas Biss haben, und so sind hier die Garzeiten angesetzt. Ganz wichtig ist dabei, dass der Backofen wirklich gut auf 160 Grad vorgeheizt ist.

ZUBEREITUNG Den Spargel sorg-fältig schälen und an den Enden kurz abschneiden. Die Butter lauwarm zer-lassen, den Zucker und etwas Salz darin auflösen. Zweimal zwei Bögen Alufolie, die etwa 10 Zentimeter länger als der Spargel sind, aufeinanderlegen. Dann legen Sie jeweils die Hälfte der Stangen wie ein

Holzbündel auf die Folien und biegen die Folie an den Seiten hoch. Jeweils die Hälfte der Butter über die Spargelbündel gießen und die Alufolie nun so über dem Spargel zusammenfalten, dass die Butter nicht herausfließen kann. Die geschlossenen Päckchen in den heißen Backofen legen und 40 Minuten garen.

Zum Servieren den Spargel aus den Alupäckchen mitsamt der Butter und dem Saft auf flache Teller gleiten lassen, mit Schnittlauchröllchen oder Petersilie bestreuen und mit neuen Kartoffeln servieren.

Sie können den Spargel in Alufolie übrigens auch auf den Grill legen, dann müssen Sie die Päckchen aber nach 20 Minuten wenden, damit auch die oberen Stangen genug Hitze abbekommen.

Etwas kräftiger als weißer Spargel

Grüner Spargel mit Vinaigrette

Grüner Spargel schmeckt etwas kräftiger als der weiße und eignet sich deswegen besser für die Kombination mit dieser frühlingshaften Kräutervinaigrette. Sie brauchen ihn nicht zu schälen, aber kochen Sie die Endstücke unbedingt im Kochwasser mit, weil dadurch das Spargelaroma über die Vinaigrette zusätzlich verstärkt wird.

ZUBEREITUNG Für die Vinaigrette die Kerbelblättchen von den Zweigen zupfen und nicht zu fein hacken, den Schnittlauch in Röllchen schneiden. Beide Kräuter zusammen mit der Petersilie und den anderen Zutaten zu einer Vinaigrette verrühren, dann salzen und pfeffern.

Den grünen Spargel am unteren Ende etwa 2 Zentimeter lang abschneiden. Diese Endstücke mit einem Teelöffel Butter, einem halben Teelöffel Zucker und einem halben Liter Wasser 10 Minuten köcheln lassen. Dann die Spargelstangen einlegen (das Wasser sollte die Stangen nur knapp bedecken), kurz aufkochen und die Stangen 10 Minuten nur sieden lassen, damit sie noch etwas bissfest bleiben.

Spargel aus dem Topf nehmen, abtropfen lassen und auf eine flache Schale legen. Die Vinaigrette noch einmal mit zwei Esslöffeln Spargelsud verquirlen und über den Spargel gießen. Das Ganze schmeckt am besten lauwarm als Vorspeise und einfach nur mit knusprigem Baguette.

ZUTATEN
für 4 Personen
1 kg grüner Spargel

FÜR DIE VINAIGRETTE
½ Bund frischer Kerbel
1 EL fein gehackte Petersilie
1 Bund Schnittlauch
1 EL Weißweinessig
1 Messerspitze scharfer Senf
6 EL Olivenöl

AUSSERDEM
Butter, Zucker, Salz, Pfeffer

Spargel mit Tomaten und Estragon

ZUTATEN
für 2 Personen

FÜR DEN SPARGEL

1 kg weißer Spargel
1 EL Butter
½ TL Zucker
1 TL Salz

FÜR DIE SAUCE

5 Tomaten
5 Blättchen frischer Estragon
Olivenöl extra vergine,
Zucker, Salz, Pfeffer

Das ist eine sehr leichte Spargelvariante, die sich besonders gut als Vorspeise oder frühsommerliches Hauptgericht eignet. Der an sich schon kräftige Estragon sollte unbedingt nicht getrocknet, sondern frisch sein, weil er sich dann viel besser und feiner den anderen Aromen anpasst. Sie können auch grünen Spargel verwenden oder beide Sorten mischen, dann wird es auf dem Teller richtig schön bunt.

ZUBEREITUNG   Den Spargel schälen Sie sehr sorgfältig und immer von der Spitze zum unteren Ende hin, denn nichts ist schlimmer als Spargelschale zwischen den Zähnen. Dann schneiden Sie etwas vom unteren Ende ab, und damit ist die meiste Arbeit schon getan. Nehmen Sie einen Topf mit möglichst großem Durchmesser, damit die Spargelstangen ganz hineinpassen; wenn er nicht breit genug ist, schneiden Sie einfach so viel vom unteren Ende ab, bis er passt. Diese Stücke werden ebenfalls mitgekocht. Große Mengen Spargel sollten Sie allerdings lieber in zwei Gängen kochen, damit er im Topf noch etwas schwimmen kann.

Lassen Sie etwa einen Liter Wasser (je nach Höhe des Topfes) mit einem Teelöffel Salz, einem halben Teelöffel Zucker und einem Esslöffel Butter aufkochen, dann legen Sie die Spargelstangen hinein und lassen alles wieder aufkochen. Nun sollte der Spargel aber nicht richtig kochen, sondern offen simmern, also nur ganz leicht köcheln. Dadurch werden die Stangen gar, aber die Spitzen eben nicht zu weich. Das dauert bei normaler Spargeldicke etwa 15 Minuten, ich finde ihn am besten, wenn er noch etwas Biss hat.

Für die Sauce die Tomaten waschen, halbieren, Kerne und Glibber herausnehmen und durch ein Sieb abtropfen lassen, dabei den Saft auffangen. Die Tomatenhälften in kleine Würfel schneiden. Die Estragonblättchen fein hacken. In einem Topf etwas Olivenöl erhitzen, Tomatenwürfel und Estragon einrühren und alles nur ein oder zwei Minuten leicht köcheln lassen, dann den aufgefangenen Saft einrühren und noch etwas frisches Olivenöl dazugießen. Alles noch einmal erhitzen, ohne es kochen zu lassen, dabei mit Salz, Pfeffer und eventuell einer Prise Zucker abschmecken.

Den fertigen Spargel aus dem Kochwasser herausheben, auf flache Teller legen und immer gut »ausdampfen« lassen, sonst verwässert die Sauce zu sehr – heiß bleibt er sowieso. Zum Schluss die Tomatensauce über den Spargel gießen.

Minestrone

ZUTATEN
für 4 – 6 Personen

100 g Schinkenspeck in etwa
5 mm dicken Scheiben
100 g Knollensellerie
1 Möhre
1 Stange Lauch
1 Knoblauchzehe
2 Zweige frischer Thymian
1 Zweig frischer Rosmarin
Salz, Pfeffer, Olivenöl

DAS GEMÜSE
(Gewicht nach Putzen und
Waschen)
je 250 g Blumenkohl
und Brokkoli
3 Möhren
300 g Weißkohl
150 g Erbsen (gefroren)

UND SONST NOCH
1 EL Tomatenmark
½ Bund Petersilie
Salz, Pfeffer, Muskatnuss

Bei uns in Bottrop nannte man so eine Gemüsesuppe früher »quer durch den Garten«, aber die italienische Bezeichnung klingt natürlich viel schöner. Die Minestrone schmeckt im Frühling besonders gut, wenn nach dem Winter endlich wieder all das frische Gemüse auf den Markt kommt. Die Gemüsebrühe für diese Frühlingssuppe kochen Sie allerdings bitte unbedingt selbst, mit Brühwürfeln schmeckt die Minestrone nicht halb so gut.

ZUBEREITUNG   Zuerst die Brühe ansetzen: den Lauch waschen, putzen und in Stücke schneiden, Knollensellerie schälen, Möhren und Knoblauch auch, dann das ganze Gemüse in einem Mixer nicht zu fein hacken und zusammen mit den Schinkenspeckscheiben in etwas Olivenöl andünsten, Rosmarin und Thymian dazu, salzen, pfeffern, mit etwas Muskatnuss würzen und mit einem Liter Wasser aufgießen. Das lassen Sie nun 30 Minuten lang köcheln, und in der Zeit können Sie das restliche Gemüse vorbe-

reiten. Blumenkohl und Brokkoli waschen, die Röschen relativ klein mit der Hand vom Stängel wegbrechen. Die Möhren putzen und in dünne Scheiben schneiden, den Weißkohl in schmale Streifen von etwa 5 Zentimeter Länge.

Bevor Sie das alles in die Brühe geben, fischen Sie die Kräuterzweige und die Speckscheiben heraus. Jetzt gießen Sie noch etwa 0,3 Liter Wasser dazu, sonst wird die Suppe vermutlich zu dick. Das Gemüse braucht nun etwa 15 Minuten, bis es gar, aber eben noch bissfest ist. Fünf Minuten vor Schluss rühren Sie noch die Erbsen und das Tomatenmark in die Suppe, ganz zum Schluss die relativ grob zerschnittenen Petersilienblätter, und natürlich alles noch einmal abschmecken.

Ob Sie nun noch nicht zu fein geraspelten Parmesan über die gefüllten Teller streuen, kommt auf Sie selbst an – ich finde es gut, aber die Minestrone schmeckt auch ohne.

Putenröllchen

ZUTATEN

*für rund 4 Personen,
also 8 Röllchen*

8 sehr dünne Schnitzel
von der Putenbrust
(= etwa 700 g Gewicht)
1 Pf. Creme-Champignons
1 Zwiebel
1 Knoblauchzehe
20 Kirschtomaten
Salz, Pfeffer, Olivenöl, Butter

Bei Geflügel generell und dabei besonders beim Putenfleisch finde ich den Unterschied zwischen konventioneller Massenzucht und artgerechter Haltung hinsichtlich der Lebensbedingungen der Tiere und der Fleischqualität so eklatant, dass ich immer Bio-Qualität bevorzuge. Das macht sich auch im Geschmack und bei der Saftigkeit der Putenröllchen bemerkbar. Wegen des zarten Fleisches sind die feinen Röllchen natürlich viel schneller gar als Rinderrouladen.

ZUBEREITUNG   Die Zwiebeln fein würfeln, den Knoblauch schälen, von den geputzten Champignons den Stiel abschneiden. Dann die Champignonköpfe grob würfeln und im Mixer so klein wie möglich zerhacken. In einer großen Pfanne die Zwiebelwürfel in der Butter glasig dünsten, den Knoblauch dazupressen und dann die gemixten Champignons darüber verteilen, ganz leicht salzen. Jetzt die Pfanne stark erhitzen und alles so lange offen dünsten, bis der Saft, der sich bildet, wieder verdunstet ist. Das dauert etwa

5 Minuten, und jetzt salzen und pfeffern Sie final. Lassen Sie die Pilzfarce auf einem Teller abkühlen.

Breiten Sie die Schnitzel auf einem Brett aus und bestreichen Sie sie mit der Farce – falls etwas übrig bleibt, schmeckt sie auch einfach so auf einer Scheibe Brot.

Rollen Sie die Putenschnitzel einfach auf, und stecken Sie sie mit kleinen Spießchen fest oder binden sie mit Küchengarn zusammen; anschließend in Olivenöl von allen Seiten schön braun anbraten. Beginnen Sie mit der »Nahtstelle«, die »klebt« dann sofort fest. Nach dem Anbraten drehen Sie die Hitze auf klein, legen einen Deckel auf die Pfanne und lassen die Putenröllchen gemächlich gar dünsten. Herausnehmen und im auf 80 Grad geheizten Backofen warm halten.

Nun gießen Sie etwas frisches Olivenöl in die Pfanne und »braten« die gewaschenen und halbierten Tomaten etwa 5 Minuten lang bei mittlerer Hitze, dabei salzen und pfeffern und schließlich zu den Putenröllchen servieren.

Bami Goreng

Bami Goreng stammt ursprünglich aus Indonesien, steht heutzutage aber auch in jedem asiatischen Lokal oder beim Chinesen an der Ecke auf der Speisekarte. Ich habe das schon zu meiner Studentenzeit oft gekocht, wenn die Kommilitonen zu Fußball- oder Doppelkopfabenden kamen, weil man es auch in größeren Mengen schnell zubereiten kann. Ist aber auch für richtige Erwachsene und in kleineren Portionen geeignet, wenn man nicht aufwendig kochen will.

ZUBEREITUNG Alle Zutaten müssen in der richtigen Größe geschnitten sein, bevor es an den Wok geht, der auch ruhig eine Pfanne mit hohem Rand sein kann: Die Hühnerbrust schneiden Sie in Streifen von etwa einem Zentimeter Breite und 3 Zentimeter Länge. Die Größe des Gemüses passen Sie in etwa der Größe des Hühnchenfleisches an, nachdem Sie es geputzt, gewaschen bzw. geschält haben. Frühlingszwiebeln und Lauch können in etwa die gleiche Größe wie das Hühnerfleisch haben, die Möhren sollten in sehr dünne Streifen von gleicher Länge geschnitten sein, die Erbsenschoten auch, der Knoblauch fein gehackt oder gestiftelt. Die Chilischote längs halbieren und entkernen, den Ingwer schälen.

Nun heizen Sie den Wok oder die Pfanne ohne Fett sehr heiß vor, schwenken ihn mit etwa einem Esslöffel Pflanzenöl aus und werfen die Hühnchenstreifen und die Stücke der Chilischote hinein, dann nacheinander unter ständigem Rühren und mit je etwa einer Minute Zeit dazwischen das Gemüse in dieser Reihenfolge: Möhrenstifte, Erbsenschoten, Knoblauch, Lauch, Frühlingszwiebeln. Dann etwas salzen und pfeffern, zwei Esslöffel Sojasauce und den fein geriebenen Ingwer dazu, zum Schluss die Sprossen – alles durchrühren und ohne Hitzezufuhr ziehen lassen.

Die Mie-Nudeln im trockenen Zustand in Stücke brechen und in einen Topf mit kochendem Salzwasser werfen. Einmal kurz aufkochen und dann mit geschlossenem Deckel 5 Minuten ziehen lassen und abgießen. Die Nudeln und das Hühnchengemüse gründlich miteinander vermischen und jetzt erst final mit Sojasauce, Salz, Pfeffer und (falls nötig) etwas Sambal Oelek für den endgültigen Schärfegrad abschmecken. Sehr heiß servieren.

ZUTATEN
für 2 Personen

400 g Hühnerbrust
5 Frühlingszwiebeln
1 Stange Lauch
2 Möhren
2 Knoblauchzehen
200 g Erbsenschoten
1 frische rote Chilischote
100 g Mungobohnensprossen
100 g Alfalfasprossen
1 etwa 2 cm langes daumendickes Stück frischer Ingwer
Salz, Pfeffer, Sojasauce, Pflanzenöl, Sambal Oelek

AUSSERDEM
200 g Mie-Nudeln (chinesische Eiernudeln)

Falscher Hase mit Möhrenpüree

ZUTATEN
für 4 Personen

FÜR DEN GEHACKTES-TEIG

1 kg Gehacktes halb und halb (Schwein und Rind)
2 trockene Brötchen
2 mittelgr. Zwiebeln
2 rohe Eier
2 hart gek. Eier
1 EL scharfer Senf
Salz, Pfeffer, Zucker, Pflanzenöl

FÜR DAS KARTOFFEL-MÖHREN-PÜREE

500 g Möhren
500 g mehlige Kartoffeln
50 g Butter
Salz

Der allseits beliebte falsche Hase ist tatsächlich ein so leckerer Braten für die ganze Familie, dass er durchaus zu einem solchen Feiertag wie Ostersonntag serviert werden kann. Er lässt sich sehr gut vorbereiten und im Kühlschrank bis zum Backen aufbewahren. In dem Hackbraten können Sie dann auch gleich wieder zwei der gefundenen Ostereier verstecken. Und als Beilage gibt's Möhren, also das, was die echten Hasen auch weiterhin selbst gerne essen, weil sie in diesem Fall ja nicht selbst dran glauben müssen.

ZUBEREITUNG Für den Teig die Brötchen in reichlich kaltem Wasser einweichen, bis sie ganz weich geworden sind. Die Zwiebeln schälen und in möglichst kleine Würfel schneiden oder hacken. Das Gehackte in eine große Schüssel legen, dann mit den Fingern oder einer Gabel auseinanderrupfen. Jetzt die Brötchen aus dem Wasser nehmen und so gut wie möglich ausdrücken, die ausgedrückten Brötchen auf dem Fleisch verteilen, alles ordentlich salzen und pfeffern. Die Zwiebelwürfel darauf verteilen, dann den Senf dazu und etwas Zucker darüberstreuen (etwa die Menge eines halben Teelöffels), zum Schluss die beiden rohen Eier darüberschlagen. Jetzt alles mit den Händen durchkneten, und zwar richtig kräftig, sodass eine kompakte Masse entsteht und alle Zutaten gut miteinander vermischt sind.

Den Backofen auf 180 Grad vorheizen. Das Fleisch im Kühlschrank eine halbe Stunde ziehen lassen, probieren und noch einmal abschmecken – vermutlich fehlt Salz, aber meist helfen auch noch zusätzlicher Senf und Pfeffer: Das Fleisch sollte wirklich gut gewürzt schmecken.

Jetzt die Hälfte des Gehackten in eine große flache, eingebutterte Auflaufform legen, die beiden hart gekochten Eier (natürlich gepellt) längs darauf platzieren, mit dem restlichen Gehackten abdecken und das Ganze schließlich zu einem länglichen »Hasenrücken« formen und mit etwas Pflanzenöl übergießen. Die Form auf die mittlere Schiene des Backofens setzen, nach einer halben Stunde etwas Wasser angießen (etwa 0,2 Liter, das ergibt eine leckere Sauce), nach einer weiteren halben Stunde müsste der Braten von außen dunkelbraun und von innen gar sein.

Für das Püree die Kartoffeln schälen und die Möhren putzen. Die Kartoffeln in Würfel von ca. 2 x 2 Zentimeter schneiden, die Möhren in etwa 5 Millimeter dicke Scheiben, beides mit relativ wenig Wasser aufsetzen, salzen und im geschlossenen Topf in 20 Minuten weich kochen. Das Wasser abgießen, Möhren und Kartoffeln mit der Butter stampfen, bis ein Püree daraus geworden ist; es dürfen ruhig noch kleine Stücke darin sein, und wenn die angegebene Butter nicht reicht, kommt eben noch mehr dazu.

Rhabarber Crumble

ZUTATEN

1 kg frischer Rhabarber
2 Päckchen Bourbon-Vanille-zucker

FÜR DIE STREUSEL

200 g Mehl
80 g Zucker
100 g Butter
1 Prise Pimentpulver
1 Prise Salz

AUSSERDEM

¼ l Schlagsahne

Normalerweise gelten die Engländer ja nicht als ausgewiesene Feinschmecker, aber mit der Erfindung des Crumbles haben sie eine gute Idee gehabt, wie man fast jede Art Obst mit Streuseln im Backofen veredeln kann. Zwar ist der Rhabarber eigentlich ein Gemüse, aber mit ihm geht es auch. Crumble bedeutet Streusel, und im Prinzip ist das ein Obstkuchen – nur eben ohne Teig als Unterboden.

ZUBEREITUNG   Vom Rhabarber oben die Blätter und unten den Ansatz sauber abschneiden. Die Stangen waschen und quer in etwa einen Zentimeter breite Stücke schneiden, sehr dicke Stangen vorher längs halbieren. Die Rhabarberstücke in eine Auflaufform legen, aber so, dass sie zwar eng zusammen, aber nicht übereinander liegen.

Für die Streusel Mehl, Zucker, Salz und Pimentpulver in einer Schüssel vermischen. Die Butter lauwarm zerlassen und anschließend langsam zum Mehl gießen, während man ständig mit den Knethaken des Rührgeräts rührend durch die Schüssel fährt, wodurch sich automatisch die Streusel bilden. Wenn das Mehl die Butter komplett aufgenommen hat, sind die Streusel fertig.

Rhabarberstücke mit dem Vanillezucker bestreuen, die Streusel gleichmäßig darüber verteilen und den Crumble ca. 30 Minuten bei 180 Grad im Ofen backen, bis die Streusel knusprig geworden sind. Etwas abkühlen lassen und lauwarm mit frisch geschlagener Sahne servieren.

Maibowle mit frischem Waldmeister

Wenn Sie den Waldmeister selbst sammeln gehen, achten Sie darauf, dass Sie nicht versehentlich Maiglöckchen erwischen – die schmecken nicht besonders gut und sind giftig. Egal ob selbst gesammelt oder gekauft, legen Sie die Waldmeisterzweige einzeln auf ein Holzbrett und lassen Sie sie 24 Stunden offen trocknen. Erst dadurch entwickelt er sein volles Aroma, außerdem kann der frische Waldmeister wegen seiner Inhaltsstoffe sonst Kopfschmerzen verursachen.

ZUBEREITUNG Kochen Sie etwa 0,3 Liter des Rieslings einmal auf, rühren den Zucker hinein und lassen den angetrockneten Waldmeister darin wie einen Tee (ohne zu kochen) 30 Minuten lang ziehen – anschließend abgießen und abkühlen lassen. Die Erdbeeren schneiden Sie in kleine Würfel, streuen etwas Zucker darüber und lassen Sie ebenfalls 30 Minuten lang Saft ziehen.

Wie Sie nun Ihre Bowle im Glas mischen, können Sie gern selbst ausprobieren. Ich empfehle beim ersten Versuch folgende Kombination. Verteilen Sie die Erdbeeren mit ihrem Saft auf 6 Gläser und gießen Sie den Sekt gleichmäßig darüber, anschließend etwa die Hälfte des Rieslings und die Hälfte des Waldmeisterweins. Von da an kann jeder selbst ausprobieren, wie viel mehr von den beiden Flüssigkeiten noch dazu gegossen werden soll. Nur Sekt oder Weißwein mit einer kleinen Waldmeister-Infusion schmeckt übrigens auch, aber eben nicht ganz so gut wie mit den kompletten Zutaten.

Und wenn Sie dieses Rezept nur zu zweit ausprobieren, kommen mögliche Kopfschmerzen sicher nicht vom Waldmeister, der war ja schließlich getrocknet.

ZUTATEN
für 4 – 6 Personen

1 Fl. Sekt »brut«
1 Fl. trockener Riesling
2 Sträußchen frischer Waldmeister (etwa 20 Zweige)
3 TL Zucker
etwa 200 g Erdbeeren

Sommer

Sommersalat, friulisch

4 Scheiben leicht geräucherte Putenbrust (dünn geschnitten)
1 lockere Handvoll Rucola
½ Aprikose
½ weißer Pfirsich (geht auch mit gelbem Pfirsich oder Nektarine)
3 Kirschtomaten
schwarzer Pfeffer, Meersalz, Olivenöl

Diesen Salat, der völlig ohne Vinaigrette auskommt, habe ich zuerst bei einem Urlaub im Friaul gegessen und war sofort begeistert. Die Kombination von geräuchertem Geflügel, reifem Obst und süßlichen Kirschtomaten mit dem leicht bitteren Rucola ist sehr spannend und außerdem schön bunt.

Bei diesem Salat kommt es besonders auf die Schnittgrößen und die Anordnung der Zutaten auf dem Teller an, damit er nicht nur gut schmeckt, sondern auch noch bildschön aussieht.

ZUBEREITUNG   Also zuerst die Rucolablätter waschen, in der Salatschleuder trocken schleudern, Stängel abschneiden und anschließend mit maximal einem Teelöffel Olivenöl vermischen. Die halbe

Aprikose in drei Schnitze schneiden und die Schnitze wieder in drei Stücke, genauso beim Pfirsich. Die Kirschtomaten vierteln.

Vor dem Servieren legen Sie die Putenbrustscheiben leicht gewellt nebeneinander auf die Teller; die Rucolablätter gleichmäßig locker darüber verteilen und in die Zwischenräume die Aprikosen-, Pfirsich- und Tomatenstücke so legen, dass ein schön buntes Muster entsteht. Zum Schluss etwas frisch gemahlenen schwarzen Pfeffer darüberstreuen. Knuspriges Ciabatta dazu, zusätzlich die Pfeffermühle, Meersalz und Olivenöl auf den Tisch stellen.

Gazpacho

An heißen Sommertagen, wenn man eigentlich keinen richtigen Hunger mehr hat, sondern eher Appetit auf etwas Leichtes, das außerdem noch erfrischt, ist diese kalte Gemüsesuppe die perfekte Alternative zu Salaten oder Rohkost.

ZUBEREITUNG Zuerst bereiten Sie das Gemüse vor: Die Paprikaschoten halbieren Sie, schneiden den Stilansatz, das wattige Weiße (innen) ab und klopfen die Kerne heraus, von den Frühlingszwiebeln schneiden Sie den Wurzelansatz ab und alles Grüne weg, das nicht mehr knackig frisch ist, die Gurke waschen Sie nur, nicht schälen, vierteln sie der Länge nach und schneiden die Kerne heraus. Die Tomaten halbieren Sie, schneiden ebenfalls den Stilansatz weg und drücken mit dem Daumen den Glibber und die Kerne heraus. Die kommen in ein Sieb, damit der Saft nicht verloren geht, den brauchen Sie hinterher wieder für den Gazpacho.

Jetzt nur noch die Knoblauchzehen schälen, das gesamte Gemüse in einigermaßen kleine Stücke schneiden, dann püriert das Ganze besser im Mixer. Das in kleine Würfel geschnittene Weißbrot dazu sorgt für eine feine Bindung.

Zunächst eine Hälfte des Gemüses mit der Hälfte des abgetropften Tomatensafts, der Hälfte des Mineralwassers, drei Esslöffeln Olivenöl, Salz und Pfeffer pürieren, aber so, dass noch ganz kleine Stückchen übrig bleiben. Die zweite Hälfte genauso, dann rühren Sie alles zusammen und schmecken mit einem milden Essig, noch mal Salz und Pfeffer und vielleicht noch einer kleinen Prise Zucker ab.

Das lassen Sie nun mindestens eine Stunde im Kühlschrank durchziehen, besser zwei, und zum Servieren sollte der Gazpacho richtig schön kalt sein. Frisches knuspriges Baguette ist ja bestimmt auch da, oder?

ZUTATEN
für 4 Personen

1 Pf. Tomaten
1 kl. Gemüsegurke
1 gelbe Paprikaschote
1 rote Paprikaschote
2 Knoblauchzehen
4 Frühlingszwiebeln
¼ l Mineralwasser
3 Scheiben Toastbrot
Salz, Pfeffer, milder Essig,
Olivenöl

Griechischer Bauernsalat

Ich finde, dass der Bauernsalat problemlos ohne die eingelegten Peperoncini auskommt, aber mit dieser Meinung stehe ich in meinem Bekanntenkreis allein auf weiter Flur. Dagegen votieren alle einstimmig mit mir für reife Tomaten und eher milden Schafskäse, der also nicht in zu salziger Lake eingelegt wurde. Und das Olivenöl sollte nicht zu knapp bemessen sein, damit man es hinterher schön mit dem Fladenbrot aufstippen kann – dann schmeckt es auch wie Urlaub auf den Inseln.

ZUBEREITUNG Die Tomaten waschen, halbieren und diese Hälften in vier bis fünf »Schnitze« teilen. Die Salatgurke waschen, schälen und längs vierteln, dann quer in Stücke schneiden. Wenn Sie Oliven ohne Stein kaufen, halbieren Sie sie längs (sonst ganz lassen), die Zwiebeln schälen, halbieren und quer in sehr dünne Streifen schneiden. Den Schafskäse in Würfel von etwa einem Zentimeter Kantenlänge zerteilen.

Alle Zutaten gründlich vermischen, salzen, mit frisch gemahlenem Pfeffer würzen, Zitronensaft und Olivenöl darübergießen und 15 Minuten durchziehen lassen.

Vor dem Servieren noch einmal gründlich mischen und etwas getrockneten Oregano über den Salat streuen. Falls gewünscht, die Peperoncini dazulegen.

ZUTATEN
für eine Salatschüssel

5 Tomaten
1 Salatgurke
2 rote Zwiebeln
10 – 20 schwarze Kalamata-Oliven
200 g Schafskäse (Feta)
1 EL Zitronensaft
0,1 l Olivenöl
Salz, Pfeffer, Oregano
evtl. grüne Peperoncini aus dem Glas

Bayrischer Krautsalat

ZUTATEN

für eine große Schüssel

1 kleiner Weißkohl
(rund 1 kg)
100 g durchwachsener Speck
1 EL Kümmelsamen
0,2 l Fleischbrühe
3 EL Weißweinessig
3 EL Pflanzenöl
Pfeffer, Salz, Zucker

An dieser Zubereitung kann man gut erkennen, dass der Weißkohl kein bisschen muffig oder »kohlig« schmeckt, wenn man ihn als Salat zubereitet. Im Gegenteil: So behält er seine knackige Frische, wobei das Marinieren mit Salz seinen Geschmack intensiviert und er danach nicht mehr wirklich roh schmeckt. Da versteht man, warum der Krautsalat zu jedem bayrischen Biergarten gehört, aber auch nördlich des Weißwurstäquators auf jedes Buffet oder zu jeder Grillparty passt.

ZUBEREITUNG   Den Weißkohl müssen Sie zuerst längs halbieren, dann vierteln; jetzt können Sie den Strunk herausschneiden. Dann halbieren Sie die Viertel noch einmal längs und schneiden oder hobeln den Kohl quer in maximal 2 Millimeter dicke Streifen. In eine Schüssel geben, mit einem gehäuften Teelöffel Salz mischen und eine halbe Stunde ziehen lassen.

In dieser Zeit den Kümmel grob mörsern, den Essig, Öl, Pfeffer, Salz und eine Prise Zucker mischen, die Brühe aufkochen. Den in kleine Würfel geschnittenen Speck in einer Pfanne bei mittlerer Hitze auslassen und leicht braun braten. Den durchgezogenen Krautsalat mit Wasser abspülen und abtropfen lassen, dann mit der heißen Brühe übergießen. Die Vinaigrette ebenfalls unterheben, den Speck mit dem Fett und dem Kümmel dazugeben und alles gut vermischen.

Noch einmal eine halbe Stunde durchziehen lassen, abschmecken und mit kräftigem Bauernbrot servieren.

Kichererbsensalat

Wenn ich das Wort »Kichererbsen« nur höre, muss ich auch direkt lachen. Warum sie so heißen, habe ich bis jetzt nicht herausfinden können, aber jedes Mal, wenn ich diesen Salat zubereite, bekomme ich sofort gute Laune. Und alle anderen, die ihn essen, ebenfalls. Im Gegensatz zu Blattsalaten kann man ihn sehr gut im Voraus zubereiten, er ist problemlos ein paar Stunden ohne Kühlschrank haltbar und damit ein geeignetes Mitbringsel für jedes Picknick und jede Party.

ZUBEREITUNG Die Kichererbsen über Nacht in viel kaltem Wasser einweichen, dann die Kichererbsen mit frischem kalten Wasser aufsetzen und aufkochen. Kurz vor dem Kochen das Wasser so salzen, dass es deutlich salzig schmeckt, dann die Kichererbsen ca. 45 Minuten köcheln lassen, bis sie weich, aber noch bissfest sind. Abgießen und mit kaltem Wasser abspülen.

In der Zwischenzeit die Kräuterblätter (Rucola, Basilikum, Pfefferminz) von den Stielen zupfen und in sehr feine Streifen schneiden. Von den geputzten Frühlingszwiebeln die Strünke abschneiden, dann das Weiße und etwas vom zarten Grün in feine Ringe schneiden, die Tomaten halbieren, entkernen und in feine Würfel schneiden, die Salatgurke schälen, ebenfalls entkernen und würfeln.

Alles zusammen mit den abgekühlten Kichererbsen vermischen und mit Meersalz, frisch gemahlenem Pfeffer, ein paar Tropfen Zitronensaft und etwas Olivenöl abschmecken.

ZUTATEN
für eine Salatschüssel

300 g getrocknete Kichererbsen
10 cm Salatgurke
3 Tomaten
5 Frühlingszwiebeln
10 Rucolablätter
10 Basilikumblätter
10 Pfefferminzblätter
Zitronensaft, Olivenöl, Meersalz, schwarzer Pfeffer

Falafel mit Joghurtsauce

ZUTATEN

für etwa 15 Falafel

250 g getrocknete Kicher-
erbsen
1 EL gehackte Petersilie
1 Knoblauchzehe
1 EL gehackter Koriander
½ TL Kreuzkümmelpulver
½ TL Korianderpulver
1 Messerspitze Chilipulver
2 TL Mehl
1 TL Backpulver
Salz, Pfeffer

FÜR DIE SAUCE

250 g Joghurt
2 EL Tahin (Sesampaste)
2 Knoblauchzehen
Saft von einer halben Zitrone
Salz, Pfeffer

Falafel ist für mich schon wegen ihrer Gewürze der Inbegriff der arabischen Küche schlechthin. Die Gewürze bekommen Sie problemlos in allen gut sortierten Supermärkten, aber natürlich auch in allen türkischen oder Bio-Läden, ebenso die getrockneten Kichererbsen.

ZUBEREITUNG Kochen Sie die getrockneten Kichererbsen in etwa 2 Litern Wasser einmal richtig für 2 Minuten auf, schalten dann die Hitze ab und lassen sie 3 Stunden lang im Kochwasser quellen. Danach gießen Sie die Kichererbsen durch ein Sieb ab, fangen dabei aber etwa 0,2 Liter von der Kochflüssigkeit auf. Schütten Sie die Hälfte davon mit den Kichererbsen in einen Mixer; dann die durchgepresste Knoblauchzehe, das mit dem Mehl vermischte Backpulver und alle Gewürze dazugeben, salzen, pfeffern. Alles gründlich durchmixen, bis eine relativ krümelige feuchte Masse entstanden ist – die hält aber beim Formen der Falafel zu kleinen runden Kugeln (knapp doppelt so groß wie Tischtennisbälle) zusammen; wenn sie zu trocken ist, mixen Sie noch etwas Kochwasser darunter.

Bei mir kommen etwa 15 Falafel dabei heraus. Wenn Sie eine Friteuse haben, können Sie sie schön rund wie die Originalbällchen formen. Wenn Sie sie stattdessen in der Pfanne braten wollen, sollten Sie sie etwas flach drücken, dann etwa einen Zentimeter hoch Öl in die Pfanne gießen und darin braten, zwischendurch wenden. In beiden Fällen dauert es etwa 5 Minuten, bis die Falafel schön knusprig sind.

Für die Joghurtsauce mixen Sie alle Zutaten mit den durchgepressten Knoblauchzehen und schmecken mit Salz und Pfeffer ab. Falls die Sauce zu dick ist, schütten Sie etwas kaltes Wasser dazu bis zur gewünschten, leicht dickflüssigen Konsistenz. Die Falafel warm servieren mit der kalten Sauce, außerdem passt grüner Salat dazu.

Da die Falafel auch kalt sehr gut schmecken, sind sie der Hit auf jedem Party-Buffet. Sie lassen sich aber auch problemlos im Backofen bei 100 Grad in 30 Minuten wieder aufwärmen.

Caesar Salad

ZUTATEN

für 2 – 3 Personen

1 Romana-Salat
5 Scheiben Toastbrot
1 Knoblauchzehe
Butter
100 g Parmesan am Stück

FÜR DAS DRESSING

150 g Schmand
3 EL Sonnenblumenöl
Zitronensaft, Worcestersauce,
Salz, Pfeffer

Der Name dieses köstlichen Salats geht auf seinen Erfinder zurück, einen Italoamerikaner namens Cesare Cardini, der ihn erstmals in den Zwanzigerjahren des letzten Jahrhunderts in der mexikanischen Grenzstadt Tijuana servierte. Nehmen Sie dazu keinesfalls fertige Croutons aus der Tüte, denn dann würde der Salat nur halb so gut schmecken.

ZUBEREITUNG Das Weißbrot in kleine Würfel schneiden, die Knoblauchzehe schälen und längs halbieren. Dann zuerst den Knoblauch in etwas Butter in einer großen Pfanne bei niedriger Hitze goldbraun braten und herausnehmen. In derselben Butter dann die Weißbrotwürfel bei mittlerer Hitze hellbraun braten, bis sie knusprig sind, dabei öfter duchrütteln, damit sie gleichmäßig bräunen. In eine Schüssel füllen und abkühlen lassen. Den Parmesan auf einem Gemüsehobel oder mit einem sehr scharfen Messer in möglichst dünne Scheiben hobeln oder schneiden.

Für die Vinaigrette den Schmand und das Öl mit dem Schneebesen glatt rühren, mit etwas Zitronensaft, Worcestersauce, Salz und Pfeffer abschmecken.

Den Strunk des Romana-Salats unten großzügig abschneiden, dann in die einzelnen Blätter teilen, die Blätter waschen und trocken schleudern. Anschließend die Blätter längs halbieren und quer in 2 Zentimeter breite Streifen schneiden.

Den Salat mit der Vinaigrette mischen, die Croutons unterheben und sofort auf flachen Tellern servieren. Parmesanscheiben darauf verteilen.

Auberginengratin

Dieses Gratin vereint den fast fleischigen Charakter der Auberginen perfekt mit dem fruchtigen Geschmack der Tomaten. Der fein pikante, leicht pfeffrige Geschmack des frischen Bohnenkrauts gibt dem Gratin noch einen außergewöhnlichen Kick, der Parmesan und das Olivenöl runden es zu einem wunderbaren Sommergericht, das auch sehr schön duftet, wenn es aus dem Backofen kommt.

ZUBEREITUNG Damit die Auberginen etwas von ihrem hohen Wassergehalt verlieren, werden sie im Backofen bei 200 Grad vorgegart. Ein Backblech mit etwas Olivenöl einfetten. Den Stielansatz von den Auberginen entfernen und die Auberginen schälen, dann längs in etwa 3 Millimeter dicke Scheiben schneiden. Die Scheiben legen Sie nebeneinander aufs Backblech (das wird zwei Bleche brauchen) und bestreuen sie mit etwas Salz. Die Auberginen 10 Minuten lang im Ofen garen und auf einem Teller abkühlen lassen.

Die Zwiebeln und den Knoblauch schälen, die Tomaten waschen. Die Zwiebeln quer in dünne Ringe schneiden und in einer Pfanne mit etwas Pfeffer, Salz und Olivenöl dünsten, bis sie weich sind. Die Tomaten in dünne Scheiben schneiden, den Knoblauch schälen und fein hacken. Vom Bohnenkraut die Blättchen abzupfen.

Eine ofenfeste Form mit relativ großem Durchmesser mit Olivenöl einfetten. Dann legen Sie eine Schicht Auberginen hinein, darüber eine Schicht Tomatenscheiben. Die bestäuben Sie hauchdünn mit etwas Puderzucker, den Sie mit einem Esslöffel durch ein Sieb reiben. Dann verteilen Sie die Hälfte der Zwiebelringe darauf, würzen mit etwas Pfeffer und Salz und streuen einige Bohnenkrautblättchen und etwas gehackten Knoblauch darüber. Diese Schichtung wiederholen Sie noch einmal, und zum Schluss kommt eine Schicht Auberginen obendrauf.

Die Semmelbrösel mit dem frisch geriebenen Parmesan mischen, über das Gratin streuen und zum Abschluss etwas Olivenöl darübergießen. Bei 150 Grad ca. 45 Minuten im Backofen garen.

Mit Baguette servieren.

ZUTATEN
für 4 Personen

4–6 Auberginen (je nach Größe, insgesamt knapp 3 Pf.)
3 Zwiebeln
3 Knoblauchzehen
6 Tomaten
4 Zweige Bohnenkraut
2 EL Parmesan
2 EL Semmelbrösel
Salz, schwarzer Pfeffer, Puderzucker
Olivenöl

Lauchgemüse

Es ist wirklich unglaublich, wie sich der Lauch, der bei uns ansonsten weitgehend als Suppengemüse verwendet wird, in ein mild aromatisches Gemüse verwandelt, wenn man ihn auf mittlerer Hitze langsam dünstet. Dadurch verliert er völlig seinen penetrant zwiebeligen Geschmack, bekommt sogar etwas leicht Süßliches, was wiederum mit der fruchtigen Schärfe des frischen Ingwers bestens harmoniert.

ZUBEREITUNG   Putzen Sie den Lauch so, dass möglichst wenig davon verloren geht – Sie brauchen auch vom Grünen so viel wie möglich. Dann waschen Sie ihn gründlich, halbieren das Weiße und auch alle grünen Teile längs und schneiden alles anschließend quer in etwa einen Zentimeter breite Streifen.

Dünsten Sie die Hälfte des Lauchs in einer tiefen Pfanne oder einem flachen Topf mit einem Esslöffel Butter bei mittlerer Hitze an, und sobald der Lauch in sich zusammengesackt ist, rühren Sie die zweite Hälfte mit der restlichen Butter hinein und dünsten alles zusammen weiter,

dann salzen und pfeffern. Falls der gesamte Lauch in die Pfanne oder den Topf passt, geht das natürlich auch in einem Schub. Legen Sie den Deckel drauf, und lassen Sie den Lauch 5 Minuten weiterdünsten, dann offen. Jetzt ist er fast schon gar, und bestimmt haben Sie schon den Ingwer geschält, den Sie jetzt auf einer feinen Reibe in den Lauch reiben. Geben Sie die Sahne dazu, und lassen Sie den Lauch noch etwa 5 Minuten dünsten. Er ist fertig, wenn er zwar weich ist, aber auch noch etwas Biss hat.

Schmecken Sie mit ein paar Tropfen Zitronensaft und einer Prise Cayennepfeffer ab, noch einmal durchmischen, fertig. Das Lauchgemüse passt hervorragend zu jeder Art von Fisch, zu Vollkornreis und auch zu Schweinefleisch und Geflügel. Also genau besehen die perfekte Gemüsebeilage zu fast jeder Gelegenheit.

ZUTATEN
für 4 Personen

1 kg Lauch
1 Stück Ingwer (etwa so groß wie zwei Spielwürfel)
2 EL Sahne
2 EL Butter
Salz, Pfeffer, Cayennepfeffer, Zitronensaft

Gegrillte Lachsforelle in der Zeitung

ZUTATEN
für 4 Personen

1 ganze Lachsforelle von
etwa 1,2 kg, geschuppt
und ausgenommen
1 Bund glatte Petersilie
1 Bund Basilikum
1 Bund Rosmarin
1 Bund Thymian
2 Zitronen in Scheiben
4 Knoblauchzehen, in
Scheiben geschnitten
Meersalz, Pfeffer
5 gr. Doppelseiten Tages-
zeitung, z. B. ›Kölner Stadt-
anzeiger‹
Paketband

Als ich von dieser Art, eine ganze Lachsforelle in Zeitungspapier eingewickelt
zu grillen, zum ersten Mal hörte, dachte
ich, wie soll das funktionieren? Angeblich
machen sie das so auf Mallorca, ich habe
aber noch nie mit jemandem gesprochen,
der das dort jemals so erlebt hätte. Egal,
es funktioniert tatsächlich, und zwar
immer, und es ist der spektakuläre Höhe-
punkt jeder Grillparty. Irgendwie gart die
Lachsforelle in der nassen Zeitung so
sanft wie in einem Dampfbad, bleibt total
saftig, und das Aroma der Kräuter zieht
durch den Fisch.

ZUBEREITUNG Und so geht's: Die
Zeitung in fünf Lagen aufeinander aus-
breiten, immer wieder mit Wasser leicht
befeuchten. Die Hälfte der grob gehackten
Kräuter auf die Zeitung legen und darauf
die Zitronenscheiben, so länglich, wie
es ungefähr der Form der Lachsforelle
entspricht. Die Lachsforelle auf beiden
Seiten salzen und pfeffern, die Knoblauch-
scheiben in die Bauchhöhle des Fischs
stopfen. Den Fisch auf das Kräuterbett

legen, mit den restlichen Zitronenschei-
ben belegen und mit den restlichen
Kräutern zudecken. Den Fisch fest in die
Zeitung einrollen, die überstehenden
Zeitungsränder an der Seite einklappen
und mit Garn wie ein Paket verschnüren.
Das Päckchen 30 Minuten in eine große
Schüssel mit Meerwasser legen, bis es
richtig durchweicht ist, zwischendurch
umdrehen. (Alternativ: Leitungswasser
mit 10 g Meersalz pro Liter, das entspricht
Meerwasser.)

Auf dem gut vorgeheizten Grill etwa
30 Minuten bei voller Hitze von jeder
Seite grillen und aufpassen, dass die
Zeitung dabei nicht anbrennt. Das wird
aber normalerweise nicht passieren, weil
sie zu nass ist, auch wenn sie natürlich
durch die Hitze etwas schwarz wird.

Zum Servieren das Garn aufschneiden,
den Fisch vorsichtig aus der Zeitung rollen,
Kräuter und Zitronenscheiben entfernen
und die Haut abziehen. Das geht ebenso
leicht, wie die Filets von den Gräten abzu-
heben. Sofort servieren und zum Würzen
nur etwas Meersalz reichen. Besser kann
eine Lachsforelle pur nicht schmecken.

Piperade

Die Piperade, wie man dieses sehr sommerliche Gemüsegericht im Baskenland nennt, wird noch farbiger, wenn Sie gelbe und grüne Paprikaschoten mischen.

ZUBEREITUNG   Die Paprikaschoten längs halbieren, den Strunk abschneiden und die Kerne herausnehmen, dann quer in Streifen schneiden. Die Zwiebeln schälen und längs achteln, die Tomaten ebenfalls achteln, den Knoblauch fein hacken.

Dann die Zwiebeln und den Knoblauch im Olivenöl glasig dünsten, anschließend die Paprika kurz mitdünsten und zum Schluss die Tomaten einrühren. Salzen, pfeffern und pikant mit dem Paprikapulver abschmecken.

Alles zusammen bei niedriger Hitze und im geschlossenen Topf 30 Minuten schmoren. Danach den Deckel abnehmen und weiterköcheln, bis die Flüssigkeit fast vollständig verdunstet ist.

Die Basken servieren die Piperade gerne als leichte Mahlzeit mit einem Omelett und frischem Baguette, Sie können sie aber auch zu hellem Fleisch oder Geflügel reichen.

ZUTATEN
für 4 Personen

3 grüne Paprikaschoten
8 Tomaten
3 Zwiebeln
4 Knoblauchzehen
2 EL Olivenöl
Salz, Pfeffer, scharfes
Paprikapulver

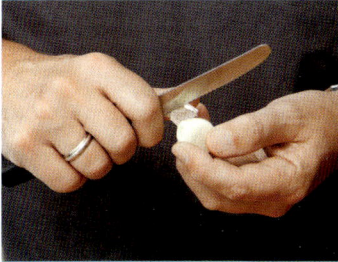

Schaschlik

Keine Pommesbude im Ruhrgebiet, die nicht neben Currywurst, Schnitzel und Frikadelle auch ein Schaschlik im Angebot hätte. Es geht aber auch ohne Pommesbude, und zwar so:

ZUBEREITUNG   Das Fleisch in Schaschlikwürfel von etwa 3 x 3 Zentimeter Kantenlänge schneiden. Die Zwiebeln längs halbieren und jeweils zwei Schichten abnehmen, die Paprikaschoten entkernen und in Stücke von etwa derselben Größe wie das Fleisch schneiden. Jetzt in dieser Reihenfolge die Schaschlikspieße vorbereiten: zuerst Zwiebel, dann Paprika, dann Fleisch und immer wieder abwechselnd, bis der Spieß voll ist (Paprika abwechselnd gelb und rot), mit einem Fleischstück enden.

Für die Sauce die Zwiebeln fein würfeln und den Knoblauch fein hacken. Jetzt in einer großen Pfanne oder einer Kasserolle die Schaschlikspieße von allen Seiten in etwas Öl anbraten, dabei salzen und pfeffern, dann herausnehmen. Etwas Öl nachgießen und die Zwiebelstückchen mit dem Knoblauch kurz darin andünsten. Mit dem Weißwein ablöschen, aufkochen lassen und die Gewürze einstreuen. Die Tomatenstücke mitsamt ihrem Saft und den Ketchup einrühren, alles zusammen mit geschlossenem Deckel 30 Minuten köcheln lassen. Nun die Spieße einlegen und noch einmal 30 Minuten offen weiterköcheln lassen, die Spieße zwischendurch einmal umdrehen. Zum Schluss die Sauce noch einmal abschmecken.

Als Beilage sind natürlich eigentlich Pommes Pflicht, aber Reis geht auch.

ZUTATEN
für 4 Schaschlikspieße

1 Pf. Schweinenacken- oder -hals
4 Zwiebeln
je 1 rote und 1 gelbe Paprikaschote
Salz, Pfeffer

FÜR DIE SAUCE
2 Zwiebeln
1 Knoblauchzehe
1 Dose Tomaten (in Stücken)
200 g Tomatenketchup
0,1 l Weißwein
1 TL Currypulver
1 TL scharfes Paprikapulver
1 TL Zucker
Worcestersauce, Salz, Pfeffer, Pflanzenöl

Sepia mit Tomatenragout

ZUTATEN

für 2 Personen

2 küchenfertige Sepiatuben
(also die ausgenommenen,
schlauchigen Körper) à 250 g
½ kleine Knoblauchzehe
750 g Tomaten
1 gehäufter EL kleine Kapern
(in Salz eingelegt, aus dem
Glas)
Salz, Pfeffer, Olivenöl

Dass es in diesem Buch verhältnismäßig viele italienische Rezepte gibt, hat einfach damit zu tun, dass die Italiener wahre Weltmeister der schnellen, leckeren Tomatensaucen sind, die es im Stiefel-Land mindestens in tausendundeiner Variante gibt. Diese hier ist wegen der frischen Tomaten sehr fruchtig. Sepia sind kleine Tintenfische, deren Ringe man häufig in griechischen Lokalen frittiert und die von kaugummiartiger Konsistenz sind. Wenn Sie sie aber nur sehr kurz und nicht zu heiß dünsten, bleiben sie sehr zart.

ZUBEREITUNG   Die Tomaten waschen, quer halbieren und mit einem Löffel Kerne und Glibber entfernen, dann in ziemlich kleine Würfel schneiden. Die Kapern mit Wasser abspülen und grob hacken.

Die Sepiatuben einfach quer in etwa einen Zentimeter breite Ringe schneiden. Etwas Olivenöl erhitzen, den durchgepressten Knoblauch einrühren und kurz ziehen lassen, dann die Sepiaringe bei mittlerer Hitze einfach nur kurz und maximal 5 Minuten darin dünsten, dabei etwas salzen und pfeffern.

Die Tomatenwürfel und die Kapern mit sehr wenig Olivenöl maximal gut warm werden lassen. Mit etwas Pfeffer, sehr wenig Salz und einer Prise Zucker abschmecken, auf Tellern anrichten und die Sepiaringe mit dem Knoblauch-Olivenöl darüber verteilen.

Sofort mit knusprigem Baguette servieren.

Backhendl mit Kartoffelsalat mit Kürbiskernöl

Genauso typisch wie Wiener Schnitzel und Kaiserschmarren ist für die österreichische Küche das Backhendl mit einem Gurken-Kartoffelsalat mit Vinaigrette statt Mayonnaise. Das Kürbiskernöl dazu hat einen nussigen Geschmack und steuert noch seine schöne dunkelgrüne Farbe bei. Das ist die steirische Variante, Sie können es allerdings auch durch Sonnenblumenöl ersetzen. Die Panade macht die Hühnerbruststücke schön knusprig und schützt gleichzeitig das zarte Fleisch, das dadurch saftig bleibt.

ZUBEREITUNG Die Kartoffeln waschen und als Pellkartoffeln in Salzwasser kochen. In dieser Zeit die Frühlingszwiebeln putzen und in kleine Stücke schneiden, die Salatgurke schälen, längs vierteln, mit einem Löffel die Kerne herauskratzen, anschließend die Viertel quer relativ dünn scheibeln. Wenn die Kartoffeln gar sind, schrecken Sie sie kurz mit kaltem Wasser ab und lassen sie ausdampfen. Sobald sie etwas abgekühlt sind, pellen Sie sie, halbieren sie längs und schneiden sie in etwa einen halben Zentimeter dicke Scheiben. Gurken und Kartoffeln in eine Schüssel geben. Für die Marinade die Zutaten gründlich mischen, mit Senf, Salz und Pfeffer abschmecken, über die Kartoffeln

gießen, unterheben und noch einmal herzhaft abschmecken.

Für die Backhendlstücke verquirlen Sie das Ei in einer kleinen Schüssel und gießen es auf einen flachen Teller, dann verteilen Sie das mit etwas Salz und Pfeffer gewürzte Paniermehl gleichmäßig auf einem anderen Teller. Die Hühnerbrüste in drei etwa gleich große Stücke schneiden. Dann salzen und pfeffern Sie die Stücke, eines nach dem anderen auf beiden Seiten: Erst ziehen Sie sie durch das verquirlte Ei, dann panieren Sie sie gleichmäßig, aber wirklich so, dass die Stücke schön gleichmäßig von einer dünnen Panierschicht überzogen sind. Erhitzen Sie reichlich Öl in einer großen Pfanne sehr stark, legen die Stücke hinein, und wenn das Öl jetzt an den Rändern der Schnitzel schön hochschäumt, dann war die Pfanne heiß genug und auch genügend Öl drin. Braten Sie die Stücke 3 Minuten lang kräftig an, drehen Sie sie um, dann noch weitere 3 Minuten kräftig weiterbraten. Schalten Sie nun die Hitze herunter, und braten Sie die Stücke in maximal 5 Minuten bei geringer Hitze fertig, zwischendurch sollten Sie sie noch einmal wenden.

Sofort zusammen mit dem Kartoffelsalat servieren.

ZUTATEN
für 4 Personen

FÜR DEN KARTOFFEL-SALAT
750 g festkochende Kartoffeln
3 Frühlingszwiebeln
1 Salatgurke

FÜR DIE MARINADE
etwa 250 ml Brühe (Rind oder Huhn)
3 EL Weißweinessig
6 EL Kürbiskernöl
Dijonsenf, Salz, Pfeffer

FÜR DAS BACKHENDL
2 gr. Hühnerbrüste (etwa 700 g)
100 g Semmelbrösel
1 gr. Ei
Salz, Pfeffer, Pflanzenöl

Gefüllte Tomaten mit Büffelmozzarella und Basilikum

ZUTATEN
für 6–8 Tomaten

6–8 mittelgr., reife Tomaten
20 frische Basilikumblätter
350 g Büffelmozzarella
Olivenöl, Salz, Pfeffer

Der fast geschmacksfreie Mozzarella aus Kuhmilch mit seiner gummiartigen Konsistenz und der übertriebene Einsatz von billigem Balsamico-Essig machen aus dem italienischen Sommerklassiker zu oft eine lediglich farblich interessante Vorspeise. Diese Variante mit saftigem Büffelmozzarella, der etwas teurer, aber auch wesentlich aromatischer ist als der von der Kuh, ist allerdings eine wirkliche Delikatesse. Das Olivenöl dazu sollte natürlich »extra vergine« und kalt gepresst sein, der fruchtig-säuerliche Saft der Tomaten rundet das Ganze im Hintergrund viel besser ab als zu sehr vorschmeckender Balsamico-Essig.

ZUBEREITUNG Die Tomaten waschen, oben einen Deckel abschneiden, dann mit einem Messer oder einem Teelöffel vorsichtig den Glibber und die Kerne entfernen. Dieses Innere der Tomaten in ein Sieb legen und den abgetropften Saft auffangen. Den Büffelmozzarella in etwa einen Zentimeter große Würfel schneiden und etwas salzen und pfeffern. Die Basilikumblätter quer in dünne Streifen schneiden, in einer Schüssel mit den Mozzarellawürfeln vermischen und die ausgehöhlten Tomaten damit füllen. Den abgetropften Saft der Tomaten mit etwas Olivenöl verquirlen und über die Füllung gießen.

Die gefüllten Tomaten servieren Sie am besten mit frischem Ciabatta.

Penne mit Auberginen und Oliven

ZUTATEN
für 2–3 Personen

1 Pf. Auberginen

2 Knoblauchzehen

1 EL Kapern (aus dem Glas, aber in Salz eingelegt, nicht in Essig)

20 schwarze Oliven (entsteint)

30 g Pinienkerne

2 EL Tomatenmark (einfach konzentriert)

Olivenöl, Salz, Pfeffer, Zucker, Chilipulver

300 g Penne (kurze dicke Röhrennudeln)

Pecorino

Natürlich denkt man bei den schön dunkelviolett glänzenden Auberginen sofort an den Sommer. Weil sie aber auch im Winter nicht anders schmecken, wenn sie aus dem Gewächshaus kommen, können Sie dieses Pastarezept im Grunde genommen zu jeder Jahreszeit ausprobieren. Die Idee, die Sauce mit Kapern, Oliven und Pinienkernen zu kombinieren, geht auf die traditionelle Küche Siziliens zurück.

ZUBEREITUNG   Die Kapern in kaltem Wasser 15 Minuten wässern, dann das Wasser durch ein Sieb abgießen. Die Oliven längs halbieren, die Pinienkerne in einer trockenen Pfanne bei mittlerer Hitze goldbraun rösten, dann abkühlen lassen. Die Knoblauchzehen fein hacken. Die Auberginen waschen, Stiel mit dem Grün abschneiden und die Auberginen in kleine Würfel von maximal 2 Zentimeter Kantenlänge schneiden.

Die Würfel in etwas Olivenöl bei großer Hitze anbraten und dabei ständig rühren, Knoblauch kurz mitdünsten, Kapern und Oliven hinzufügen. Alles gut verrühren, Hitze herunterschalten, jetzt vorsichtig salzen und pfeffern und zum Schluss das Tomatenmark und eine Prise Zucker untermischen. Etwa 0,1 Liter Wasser zugießen oder etwas mehr, aber nicht so, dass wirklich viel Flüssigkeit im Topf ist. Das Ganze noch bei niedriger Hitze 5 Minuten offen schmoren, noch einmal abschmecken und etwas Chilipulver dazu für eine feine Schärfe.

Die Penne al dente kochen, beim Abgießen vom Kochwasser einen Teil davon zurückhalten und unter die Auberginensauce rühren, falls sie noch etwas zu dick sein sollte. Sofort servieren und nach Bedarf mit etwas geriebenem Pecorino bestreuen, der als fester Schafskäse in der süditalienischen Küche viel häufiger verwendet wird als der norditalienische Parmesan.

Makkaroni mit ganzen Kirschtomaten

Das ist die schnellste und einfachste Tomatensauce, die ich kenne. Weil man bei diesem Rezept nicht schummeln kann, indem man mit Gewürzen Aromaschwächen der Produkte ausgleicht, müssen Sie dabei besonders auf die Qualität der Zutaten achten.

ZUBEREITUNG   Sie brauchen natürlich voll reife, kleine runde Kirschtomaten, kalt gepresstes Olivenöl »extra vergine« und gut gereiften Pecorino. Kochen Sie die Makkaroni in etwa 3 Liter kochendem, gut gesalzenem Wasser al dente, das dauert im Allgemeinen etwa 8 Minuten, aber es kommt im Einzelfall natürlich auf die jeweilige Nudeldicke an, also machen Sie spätestens nach 7 Minuten den Biss-Test.

In dieser Zeit lassen Sie die fein gehackte Knoblauchzehe kurz bei mittlerer Hitze im Olivenöl leicht bräunen, am besten in einer großen Pfanne oder Kasserolle, in der alle Kirschtomaten nebeneinander Platz haben. Dann schalten Sie die Hitze hoch, schütten die gewaschenen Tomaten auf einmal hinein und lassen sie so lange braten, bis sie aufplatzen, was meistens nach 3 bis 4 Minuten passiert. Schalten Sie die Hitze nun wieder auf »klein«, und während die Tomaten noch vor sich hin schmurgeln, schneiden Sie die Basilikumblätter in feine Streifen, ziehen sie schnell unter die Tomaten, dann salzen und pfeffern, Hitze abschalten.

Lassen Sie die gekochten Makkaroni kurz abtropfen (aber nicht abschrecken), und vermischen Sie sie in einer großen Schüssel schnell und gründlich mit den Tomaten und der gesamten Flüssigkeit aus der Kasserolle.

Nachdem Sie die Makkaroni auf die Teller verteilt haben, träufeln Sie noch etwas frisches Olivenöl darüber und verteilen den in sehr dünne Blättchen gehobelten Pecorino gleichmäßig darauf.

ZUTATEN
für 2 Personen

350 g kurze Makkaroni aus Hartweizengrieß
750 g Kirschtomaten
50 g Pecorino (am Stück)
1 Knoblauchzehe
10 Blätter frisches Basilikum
Olivenöl, Salz, Pfeffer

Grüne Bohnen mit Spaghetti

ZUTATEN
für 2 Personen

1 Pf. grüne Bohnen
(Stangenbohnen)
100 g durchwachsener Speck
2 Zwiebeln
1 Zweig Bohnenkraut
10 Kirschtomaten
200 g Spaghetti
0,1 l Sahne
Butter, Salz, Pfeffer

Wenn die grünen Bohnen im Frühsommer auf den Markt kommen, liegen oft auch schon die ersten reifen Kirschtomaten daneben. Allein schon die Farbkombination macht sofort Lust auf diese etwas ungewöhnliche deutsch-italienische Pasta-Fusion.

ZUBEREITUNG Die Bohnen waschen, die Spitzen kurz abschneiden und die Bohnen halbieren. Zwiebeln und Speck klein würfeln. Den Speck und die Zwiebeln in einem Topf mit etwas Butter glasig dünsten, dann die Bohnen und den Bohnenkrautzweig dazugeben. Etwa 0,3 Liter Wasser hineingießen, salzen, pfeffern und etwa 10 Minuten im geschlossenen Topf gar dünsten, die Bohnen sollten noch schön knackig sein. Anschließend die Sahne einrühren und alles offen köcheln lassen, bis die Sauce leicht cremig ist.

Spaghetti al dente kochen, abtropfen lassen, aber nicht mit Wasser abspülen, damit die Sauce noch etwas durch das Spaghetti-Mehl bindet. Unter die Bohnen mischen, das Bohnenkraut herausnehmen. Zum Schluss noch die halbierten Kirschtomaten in den Topf rühren, nur kurz mit im Topf anwärmen, dann sofort servieren.

Kohlrabigratin

Normalerweise ziehe ich den echten Büffelmozzarella dem Mozzarella von der Kuh vor, weil er einen viel kräftigeren Eigengeschmack hat. Für dieses Gratin eignet sich der normale Mozzarella aber besser, weil er eben nicht vorschmeckt, schön über dem Gemüse schmilzt, dabei durch sein Fett den Geschmack der Kohlrabi noch etwas hervorhebt und zusätzlich eine schöne goldbraune Kruste bildet.

ZUBEREITUNG Schneiden Sie die kleinen Blätter von den Stielansätzen der Kohlrabi ab, waschen Sie sie kurz und schneiden sie quer in dünne Streifen. Aber nur, wenn die Blättchen frisch und grün sind, was im Winter meistens nicht der Fall ist, dann muss es ohne gehen. Schälen Sie die Kohlrabi, hobeln Sie sie mit einem Gemüsehobel in etwa 5 Millimeter dicke Scheiben (oder mit dem Messer schneiden). Die Scheiben in einem Topf mit möglichst großem Durchmesser in der Butter andünsten, sorgfältig durchrühren, die Sahne angießen und noch einmal gut verrühren, damit sie nicht aneinander kleben bleiben. Alles mit Salz, Pfeffer und etwas frisch geriebener Muskatnuss abschmecken, die Kohlrabiblättchen dazugeben.

Das Gemüse im offenen Topf 5 Minuten lang bei niedriger Hitze dünsten, zwischendurch noch einmal durchrühren, dann etwas abkühlen lassen. Die Basilikumblätter quer in dünne Streifen schneiden und mit den Kohlrabi vermischen. Nicht mehr kochen, sonst verliert das Basilikum viel von seinem Geschmack.

Den Backofen auf 180 Grad vorheizen. Dann die Kohlrabi gleichmäßig auf eine flache Tarteform oder in eine flache Auflaufform schichten und überall mit dem in sehr dünne Scheiben geschnittenen Mozzarella belegen. Das Gratin braucht ungefähr 30 Minuten, wenn der Käse dann noch nicht braun ist, kann man zum Schluss kurz mit dem Grill nachhelfen.

Vollkornreis passt sehr gut dazu, ebenso jedes kurz gebratene Fleisch und Geflügel, ja sogar Fisch.

ZUTATEN
für 4 Personen

4 mittelgr. Kohlrabi (möglichst mit Blättern)
15 Basilikumblätter
50 g Butter
0,1 l Sahne
100 g Mozzarella
Salz, Pfeffer, Muskatnuss

Schmorgurken

ZUTATEN
für 4 Personen

1 kg kleine Gurken (ersatzweise gr. Salatgurken)

1 Gemüsezwiebel

100 g durchwachsener Speck

1 Knoblauchzehe

4 Tomaten

½ TL scharfer Senf

1 EL Schmand

2 EL trockener Weißwein

Zucker, Salz, Pfeffer

Besonders gut gelingt dieses Gericht, wenn Sie im Sommer die kleinen festen Freilandgurken kaufen. Wenn Sie Salatgurken verwenden, reduzieren Sie die Garzeit um 5 Minuten, weil sie sonst zu weich werden könnten.

ZUBEREITUNG Die Gurken waschen und schälen, dann längs halbieren, mit einem Esslöffel entkernen und quer in etwa einen Zentimeter dicke Scheiben schneiden. Die Zwiebel schälen und in feine, längliche Streifen schneiden, den durchwachsenen Speck sehr fein würfeln, den Knoblauch schälen und fein hacken. Die Speckwürfel lassen Sie zuerst in einem Topf bei niedriger Hitze glasig werden, und wenn das Fett austritt, dünsten Sie die Zwiebelwürfel zusammen mit dem Knoblauch darin glasig und geben die Gurkenstücke dazu. Alles mit einer Prise Zucker, dem Weißwein, dem Senf, Salz und Pfeffer abschmecken und in etwa 20 Minuten gar dünsten, sodass die Gurken weich sind, aber noch Biss haben. In der Zwischenzeit die Tomaten waschen, längs halbieren, den Strunk herausschneiden und mit dem Daumen die Kerne und den Glibber herausdrücken. Das Tomatenfleisch in kleine Würfel schneiden und zusammen mit dem Schmand unter die Gurken rühren, alles zusammen noch einmal heiß werden, aber nicht mehr kochen lassen und final abschmecken.

Warenart

Feldgurken

Herkunftsland:		
Sorte:		
Schale		
Gr	**Kg**	**Handelsklasse: I**
	7	
	Stück	**Preis** II

7,50

Eiskaffee deluxe

ZUTATEN
für 4 Personen

¼ l Milch
80 g Zucker
3 Päckchen Bourbon-Vanille-
zucker
4 Eigelb
¼ l Sahne

AUSSERDEM

etwa 0,7 l sehr starken Kaffee
etwa 20 gr. Eiswürfel

Lohnt es sich wirklich, Vanilleeis selbst zu machen, statt es fertig zu kaufen? Das kommt darauf an, wie hoch Ihr Anspruch an das Eis ist, das frisch zubereitet immer besser schmeckt als ein gekauftes. Ich finde, die Mühe lohnt sich, weil Sie es nicht nur für diesen Eiskaffee nehmen, sondern auch zusammen mit frischem Obst, heißen Himbeeren oder einfach so genießen können. Wenn Sie es trotzdem kaufen wollen, dann nehmen Sie auf jeden Fall ein Premiumprodukt ohne Konservierungsstoffe oder Geschmacks-verstärker.

ZUBEREITUNG   Damit das Eis schön cremig wird, braucht es eine gute Bindung, und die bekommen Sie so:

Die Milch mit der Hälfte des Zuckers kurz aufkochen. Die Eigelbe, den restlichen Zucker und den Vanillezucker in einer runden Rührschüssel aus Metall mit einem Schneebesen so lange schlagen, bis eine gelbliche Creme daraus geworden ist, dann die heiße Milch zu den Eigelben gießen und dabei sofort verrühren. Diese Milch-Ei-Mischung muss nun im heißen »Wasser-bad« cremig gerührt werden. Dazu die

Rührschüssel in einen etwas größeren Topf mit Wasser setzen, der mit kochend heißem Wasser gefüllt ist, aber nur so voll, dass das Wasser nicht überschwappt, wenn man die Rührschüssel hineinsetzt. Nun die Eigelbmilch mit dem Schneebesen im heißen Wasserbad schaumig schlagen, bis sie bindet, also sichtbar cremig wird. Das Ganze dauert ca. 5 Minuten, vielleicht etwas länger, das hängt auch davon ab, wie heiß das Wasser im unteren Topf ist. Die Mischung darf aber nicht zu heiß werden, also ständig rühren, sonst stockt das Ei, und es gibt Rührei statt Eis, und Rührei schmeckt mit Schnittlauch wesent-lich besser als mit Vanille.

Deswegen sofort, wenn die Mischung cremig wird, die Rührschüssel mit der Creme aus dem Wasserbad nehmen und im mit kaltem Wasser gefüllten Wasch-becken vollständig abkühlen lassen. Sie können diese ganze Rührerei auch direkt in einem Topf mit dickem Boden unter-nehmen, dabei müssen Sie aber ständig bei maximal mittlerer Hitze rühren, damit nichts auf dem Boden ansetzt.

Zum Schluss die sehr steif geschlagene Sahne vorsichtig unter die abgekühlte Creme heben, die Creme sofort in zwei

Plastikdosen (von etwa 0,4 l Volumen) mit Deckel füllen und mindestens 4 Stunden in die Tiefkühltruhe stellen, besser über Nacht.

Das Vanilleeis eine halbe Stunde vor dem Fertigstellen des Eiskaffees aus der Truhe nehmen und im Kühlschrank temperieren lassen – die beste Temperatur für feinsten Eiscreme-Geschmack liegt nicht bei minus 18, sondern bei 0 Grad.

In der Zeit kochen Sie sehr starken Kaffee – mit der doppelten Menge Kaffeepulver wie normal. Den gießen Sie über die Eiswürfel, schwenken sie kurz und heftig durch, damit nicht allzu viel Eis schmilzt und den Kaffee zu sehr verdünnt, dann gießen Sie den kalten Kaffee in eine Flasche mit Schraubverschluss ab, am besten so voll, dass keine Luft mehr in der Flasche bleibt. So können Sie den kalten Kaffee problemlos ein paar Stunden im Kühlschrank aufbewahren.

Die perfekte Mischung aus fruchtig, bitter und süß

Apfelsaft-Cocktail

Cola und Limonade sind mir viel zu süß, als dass sie für mich wirklich als sommerliche Abkühlgetränke infrage kämen, und immer nur Apfelschorle wird auf die Dauer auch langweilig. Dieser alkoholfreie Cocktail ist genau die richtige Mischung aus fruchtig, ein wenig bitter und nur leicht süß. Sie können ihn auch noch mit einem Schuss Mineralwasser etwas spritziger machen.

ZUBEREITUNG Beide Säfte und den Sirup gründlich mischen, danach mit ein paar Tropfen Zitronensaft »abschmecken«, nach Süße-Lust auch noch mit etwas Grenadine. Gläser zu einem Drittel mit Eiswürfeln füllen, Cocktailmischung darübergießen und sofort servieren.

Mit einem Gläschen Gin als zusätzlichem Verstärker wird er problemlos auch zu einem Abendcocktail für Erwachsene.

ZUTATEN

0,2 l naturtrüber Apfelsaft
0,2 l Bitter Lemon
5 cl. Grenadine-Sirup
Zitronensaft, Eiswürfel

Buttermilch-Shake

ZUTATEN

ergibt etwa ½ Liter

0,3 l sehr kalte Buttermilch
2 reife Pfirsiche
30 Blätter frisches Basilikum
(ohne Stängel)
2 EL Birnendicksaft (aus dem
Bio-Laden oder Reformhaus)
Zucker

Eine ebenso ungewöhnliche wie leckere Kombination, die auch sehr schön aussieht. Eigentlich ist Buttermilch für Mixgetränke viel besser geeignet als Vollmilch, weil sie mit ihrer feinen Säure den Fruchtgeschmack des Obsts noch unterstützt. Birnendicksaft (oder auch Apfeldicksaft) ist ein natürliches Süßungsmittel, das bei allen Obstrezepten den Zucker zumindest teilweise ersetzen kann, aber weniger süß ist.

ZUBEREITUNG   Die Pfirsiche gründlich waschen, entkernen und in grobe Würfel schneiden, die Sie dann in den Mixer geben. Die Basilikumblätter schneiden Sie in Streifen, streuen Sie über die Pfirsiche und gießen den Birnendicksaft dazu, zusammen mit wenig Buttermilch – dann püriert das Obst besser. Wenn es zu Mus püriert ist, gießen Sie den Rest der Buttermilch dazu und mixen alles noch einmal kräftig durch. Danach schmecken Sie mit etwas Zucker so süß ab, wie Sie es gern mögen. Ein bisschen muss meistens noch rein, finde ich, aber wie viel genau, das kommt auf die Süße der Pfirsiche, die Außentemperatur und die Tagesform an.

Erdbeer-Tiramisu

Eigentlich geht nichts über das Original mit in Espresso getränkten Biskuits und üppigem Mascarpone. Aber zur Erdbeerzeit ist diese etwas leichtere Version, bei der zur Hälfte Schmand untergemischt wird, weit mehr als nur ein sommerlicher Ersatz und eine tolle Abwechslung zum normalen Erdbeerkuchen.

ZUBEREITUNG Bereiten Sie zuerst die Erdbeeren vor: also einfach waschen, Stielansatz wegschneiden, große Erdbeeren vierteln, kleine halbieren, unreife wegwerfen. Streuen Sie in einer großen Schüssel den Zucker über die Erdbeeren, schütteln sie gut durch, und nach maximal 2 Stunden hat der Zucker genug Saft aus den Erdbeeren gezogen.

Den Kakao mit der kalten Milch verrühren und einmal kurz aufkochen, bis er sich aufgelöst hat, abkühlen lassen.

Dann die Hälfte der Erdbeeren mit dem Mascarpone, Schmand, saurer Sahne und dem ausgetretenen Erdbeersaft verrühren und mit Zitronensaft abschmecken. Eine Schüssel mit der Hälfte der Löffelbiskuits auslegen und gleichmäßig etwas vom kalten Kakao darüberträufeln, aber nur so viel, wie die Biskuits aufnehmen können. Die Hälfte der Mascarponemasse darüber verstreichen, dann die Hälfte der marinierten Erdbeeren darauflegen, dann weiter mit jeweils dem Rest Biskuits, Mascarpone und Erdbeeren aufschichten, die oberen Erdbeeren mit der Hand etwas in die Masse drücken. Die Schüssel mit Frischhaltefolie abdecken und das Tiramisu mindestens 4 Stunden im Kühlschrank durchziehen lassen.

Vor dem Servieren dick mit Kakao bestäuben, den Sie mit einem Löffel durch ein Sieb reiben.

ZUTATEN
für eine große Schüssel

750 g Erdbeeren
150 g Zucker
250 g Mascarpone
250 g Schmand (mind. 20 % Fett)
1 Becher saure Sahne
¼ l Milch
2 EL Kakaopulver
400 g Löffelbiskuits
2 EL Kakao zum Bestäuben

Herbst

Chicorée

ZUTATEN
für 4 Personen

4 Stauden Chicorée
0,1 l Orangensaft
1 Zwiebel
4 Scheiben gekochten
Schinken
1 Knoblauchzehe
0,1 l Sahne
1 EL geriebener Parmesan
Pfeffer, Salz, Olivenöl,
Butter

Manche mögen Chicorée wegen seiner charakteristischen Bitterkeit nicht so gerne, aber ich finde, dass sie gerade den Reiz dieses ursprünglich belgischen Gemüses ausmacht. Die heute gezüchteten Sorten sind auch gar nicht mehr so bitter wie früher einmal, und im Zusammenhang mit den anderen Zutaten wie dem fruchtigen Orangensaft sowie durch das Schmoren im Backofen ist die Bitterkeit nur noch eine geschmackliche Komponente im Hintergrund, die sich harmonisch einfügt.

ZUBEREITUNG   Den Backofen auf 180 Grad vorheizen. Ziehen Sie von den Chicorée-Stauden jeweils die äußeren Blätter ab und entfernen Sie unten den Wurzelansatz. Halbieren Sie die Stauden längs und schneiden Sie die keilförmigen Stängelansätze innen aus den Hälften heraus. Nun die Schnittseiten salzen und pfeffern, in einem Topf oder Bräter mit großem Durchmesser etwas Olivenöl stark erhitzen und die Chicorée-Hälften kräftig auf den Schnittseiten anbraten, bis sie gut gebräunt sind, dann mit dem Orangensaft ablöschen. Deckel auflegen und den Topf für 30 Minuten in den Backofen schieben.

Die Zwiebel klein würfeln, den Knoblauch fein hacken, den gekochten Schinken in dünne Streifen von etwa 3 Zentimeter Länge schneiden. Zuerst die Zwiebeln und den Knoblauch in etwas Butter glasig dünsten, salzen, pfeffern, mit der Sahne aufgießen und aufkochen. Den gekochten Schinken und den Parmesan einrühren und alles so lange offen köcheln, bis die Flüssigkeit leicht cremig ist.

Den fertig gegarten Chicorée aus dem Ofen nehmen, die Schmorflüssigkeit zur Sahnesauce gießen. Die Chicorée-Hälften auf die Teller legen und mit der Sauce überziehen. Dazu passt Hühnchen ebenso gut wie Reis oder einfach nur frisches Baguette.

Blätterteigbirne mit Blauschimmelkäse

Wenn Sie Birnen zum Backen oder Kochen verwenden wollen, sollten sie noch nicht allzu reif und weich sein, sondern eher noch etwas fest. Die gekochten Birnen werden durch die Gewürze schon sehr aromatisch und könnten auch mit ihrem Sud zu Vanille- oder Schokoladeneis gegessen werden. Aber die Kombination mit knusprigem Blätterteig und würzigem Blauschimmelkäse ist einfach sensationell und praktisch Käsegang und Dessert in einem.

ZUBEREITUNG Die Birnen müssen halbiert und geschält werden, aber erst, nachdem der Sud für die Birnen schon hergestellt ist, und das geht so:

Den Zucker in einem Topf mit dickem Boden bei mittlerer Hitze karamellisieren lassen. Dazu verteilen Sie den Zucker gleichmäßig im Topf, schalten die Hitze ein und tun nichts weiter als warten, bis er erst schmilzt und sich dann goldbraun verfärbt. Jetzt löschen Sie den Karamell mit dem Birnenschnaps ab. Vorsicht, das kann spritzen! Wenn beides einmal aufgekocht ist, schütten Sie den Weißwein dazu, werfen den Zimt und den Sternanis hinein und lassen alles zusammen mit den Kerngehäusen der Birnen und dem Vanillezucker einmal aufkochen und dann so lange köcheln, bis der Karamell sich vollständig aufgelöst hat. Ich würde die Zimtstange jetzt herausnehmen, damit das Zimtaroma nicht zu intensiv wird, aber manche mögen ja gerade das sehr gern – dann lassen Sie sie eben weiter drin.

Jetzt die halbierten Birnen schnell schälen, in den Sud legen und diesen so weit mit kaltem Wasser auffüllen, dass die Birnen gerade bedeckt sind. 10 Minuten ganz leicht sieden lassen, danach im abgedeckten Topf kalt werden lassen.

Den Blätterteig auftauen, auf ein Backblech legen und in der Länge so abschneiden, dass die Teigplatten an den Kopfseiten jeweils einen Zentimeter überstehen, wenn die abgetropfte Birnenhälfte darauf liegt. Vom Blauschimmelkäse dünne Scheiben abschneiden und die Birnen damit vollständig »verkleiden« – am besten bei Zimmertemperatur, dann hält er besser an der Birne.

Nun die Blätterteigbirnen im vorgeheizten Backofen bei 220 Grad etwa 20 Minuten lang backen – wenn der Blätterteig an den Rändern goldbraun aufgegangen ist, ist er fertig.

Am besten schmecken die Blätterteigbirnen lauwarm.

ZUTATEN
für 6 Portionen

FÜR DIE BIRNEN

3 Kochbirnen

100 g Zucker

1 Zimtstange

1 Sternanis

1 Päckchen Bourbon-Vanillezucker

4 cl Birnenschnaps

¼ l trockener Weißwein

AUSSERDEM

1 Packung gefrorener Blätterteig

250 g Blauschimmelkäse (Gorgonzola oder Fourme d'Ambert)

Bäckerkartoffeln

ZUTATEN
für 4 Personen

1,5 kg vorwiegend fest-
kochende Kartoffeln
2 Zwiebeln
0,3 l Milch
Salz, Pfeffer, Pflanzenöl

Die Bäckerkartoffeln sind nicht nur im Herbst, wenn die Kartoffelzeit wieder richtig losgeht, eine praktische Beilage für alle Gerichte mit Fleisch oder Geflügel, bei denen es nur wenig Sauce gibt. Oder einfach zum Gemüse oder Salat, wenn es mal vegetarisch bleiben soll. Deswegen werden sie hier absichtlich nicht mit Käse überbacken, damit der pure Geschmack der Kartoffel im Vordergrund stehen bleibt.

ZUBEREITUNG Die Kartoffeln schälen und auf dem Gemüsehobel in etwa 3 Millimeter dicke Scheiben hobeln oder mit einem großen Messer in Scheiben schneiden. Die Zwiebeln schälen, längs halbieren und quer in dünne Streifen schneiden.

Eine große Auflaufform mit etwas Pflanzenöl auspinseln und mit einer Lage Kartoffelscheiben auslegen. Etwas Öl gleichmäßig darüberträufeln und mit einem Drittel der Zwiebeln bestreuen, salzen, pfeffern. Bei den nächsten Lagen ebenso verfahren, bis die vierte Schicht Kartoffeln oben liegt. Jetzt gießen Sie die Milch darüber, träufeln etwas Öl dazu, noch einmal salzen und pfeffern. Im auf 180 Grad vorgeheizten Backofen rund 60 Minuten backen, bis die Kartoffeln oben goldbraun und innen weich sind.

Als Variante können Sie im Frühjahr oder Sommer das Pflanzenöl durch Olivenöl ersetzen und zusätzlich frischen Rosmarin oder Thymian zwischen die Lagen verteilen.

Gefüllter Kürbis

ZUTATEN

für 2 – 4 Personen

1 Hokkaido-Kürbis von
etwa 1 kg
2 Zwiebeln
6 gr. Blätter Salbei
60 g Semmelbrösel
2 EL Tomatenketchup
Etwa 0,4 l Sahne
50 g Käse wie z. B. Emmentaler, Comté, Greyerzer
Pfeffer, Salz, Muskat,
Chilipulver
Butter

Meist enden die farbenprächtigen Kür-
bisse, die ab Herbst überall auf den
Märkten zu kaufen sind, als pürierte
Suppe, und ich würde sagen, leider, ohne
damit generell etwas gegen eine Kürbis-
creme gesagt haben zu wollen. Aber
mit Kürbis kann man sehr viel mehr
anstellen, und eine Möglichkeit ist, sie
zu füllen und zu backen. Sieht toll aus
und schmeckt noch toller. Das ist zwar
etwas aufwendig, aber es lohnt sich, und
Hokkaido-Kürbisse haben eine so zarte
Schale, dass man sie nicht einmal schälen
muss, nur sorgfältig waschen.

ZUBEREITUNG   Wurzel- und Blüten-
ansatz möglichst gerade abschneiden,
weil die gefüllten Hälften ja gut stehen
sollen, dann den Kürbis quer halbieren.
Kratzen Sie die Kerne und das Weiche aus
der Mitte heraus, das brauchen Sie nicht
mehr, und schneiden Sie noch etwas mehr
Kürbisfleisch heraus, damit der Innenraum
aussieht wie eine Schüssel mit einem guten Zentimeter Wandstärke. Dieses Fruchtfleisch schneiden Sie in kleine Stückchen.
Den Ofen auf 200 Grad vorheizen.

Nun die fein gewürfelten Zwiebeln in der
Butter glasig dünsten, das kleingeschnit-
tene Kürbisfleisch und den Ketchup hin-
einrühren, alles mit Pfeffer, Salz, Muskatnuss und etwas Chilipulver würzen. Jetzt
die in kleine Streifen geschnittenen Salbeiblätter dazu, umrühren, die Semmelbrösel hinein, wieder umrühren und mit
der Hälfte der Sahne aufgießen, aber die
Hitze sofort abschalten. Noch einmal
umrühren, die restliche Sahne dazugießen,
den geriebenen Käse dazu und wieder so
lange rühren, bis die Masse leicht ange-
dickt und gut vermischt ist, zum Schluss
noch einmal abschmecken. Die Masse
gießen Sie nun bis zum Rand in die beiden
Kürbishälften, stellen sie auf ein Backblech,
decken sie locker mit Alufolie ab und
schieben das Backblech auf die mittlere
Schiene. Nach 30 Minuten gießen Sie
etwas Wasser an, nach 60 Minuten nehmen
Sie die Alufolie weg und lassen die Füllung
noch 10 Minuten bräunen.

Wenn Sie den Kürbis leicht mit einem
spitzen Messer einstechen können, ist er
weich und gar. Zum Servieren die Hälften
längs halbieren, und bevor die nun dick-
cremige Füllung wegläuft, schnell auf die
Teller verteilen und sofort mit Baguette
oder Reis servieren.

Pfifferlingsrisotto

Nehmen Sie sich für dieses Rezept beim ersten Mal lieber etwas Zeit, und halten Sie sich sorgfältig an die Vorgaben. Nur wenn man ein Risotto wirklich geduldig rührt, wird es zu einer cremigen Delikatesse, die von den edlen Pfifferlingen noch gekrönt wird.

ZUBEREITUNG Die Pfifferlinge sehr gründlich und schnell in viel kaltem Wasser waschen und in einem Sieb abtropfen lassen. In einem Topf mit großem Durchmesser in etwas Olivenöl 5 Minuten dünsten, dabei ständig rühren. Aus dem Topf nehmen.

Die Zwiebel in feine Würfel schneiden, die Knoblauchzehe schälen und die Brühe in einem separaten Topf aufkochen, ordentlich salzen. Die Zwiebelwürfel dünsten Sie im selben Topf, in dem die Pfifferlinge waren, mit 2 Esslöffeln Olivenöl glasig, pressen den Knoblauch dazu und rühren anschließend den Reis hinein. Nach 2 Minuten unter ständigem Rühren ist er vom Öl überzogen, jetzt salzen, pfeffern und noch mit einer guten Prise geriebener Muskatnuss würzen. Lassen Sie das alles bei mittlerer Hitze dünsten, bis es etwas am Topfboden ansetzt, dann erst gießen Sie ein Viertel des sehr heißen Wassers dazu, verrühren es und lassen den Reis ganz sachte köcheln, dabei ab und zu rühren. Jetzt geben Sie die Pfifferlinge dazu und rühren weiter. Der Reis beginnt nun zu quellen, und wenn die Flüssigkeit aufgesogen ist, gießen Sie das zweite Viertel Wasser nach und die restlichen beiden Viertel wie beschrieben weiter bis zum Schluss – nach rund 25 Minuten ist der Reis normalerweise gar (kann aber auch 30 Minuten dauern und etwas mehr Wasser benötigen, das weiß man nie so genau). Wenn der Risotto nun dickflüssig und cremig ist, war alles richtig. Jetzt den Parmesan und die Butter einrühren, noch einmal abschmecken, fertig, und sofort servieren.

Auf den Risotto müssen die Gäste warten und nicht umgekehrt, sonst wird er zu dick.

ZUTATEN
für 2–3 Personen

350 g frische Pfifferlinge
1 Zwiebel
1 Knoblauchzehe
etwa 1,2 l Geflügel-oder Gemüsebrühe
50 g geriebener Parmesan
50 g Butter
Muskatnuss, Salz, Pfeffer, Olivenöl
250 g Risottoreis (Vialone nano, Arborio, Carnaroli)

Potthucke

ZUTATEN
für eine Kastenform
von 30 cm Länge

1,2 kg mehlig-festkochende
Kartoffeln
4 Eier
100 g durchwachsener
Speck (gepökelt, in dünnen
Scheiben)
Semmelbrösel
Mehl, Salz, Pfeffer,
Muskatnuss, Butter

Potthucke ist die Bezeichnung für ein sauerländisches Kartoffelgericht, nämlich für das, »was im Pott hockt«. Das sind in diesem Fall rohe und gekochte Kartoffeln, die im Ofen gebacken werden. Wenn Sie einen gusseisernen Pott haben, nehmen Sie den, ansonsten hucken die Kartoffeln auch problemlos in einer Kastenform.

ZUBEREITUNG Nehmen Sie 400 Gramm der Kartoffeln, schälen sie und kochen sie in leicht gesalzenem Wasser weich. Schneiden Sie den Speck in schmale Streifen, legen Sie die in eine kalte Pfanne und lassen sie bei mittlerer Hitze leicht knusprig braten, das dauert etwa 5 Minuten, danach abkühlen lassen. Schälen Sie die restlichen Kartoffeln. Wenn die kochenden Kartoffeln gar sind, gießen Sie sie ab und stampfen sie wie für ein Kartoffelpüree.

Jetzt reiben Sie die rohen Kartoffeln in eine Schüssel und stürzen sie in ein Sieb. Drücken Sie die Kartoffeln mit der Hand so gut wie möglich ins Sieb, und fangen Sie das ablaufende Wasser auf.

Nach 5 Minuten gießen Sie dieses Wasser vorsichtig bis auf die Kartoffelstärke ab, die sich auf dem Schüsselboden gebildet hat. In einer anderen Schüssel vermischen Sie den gekochten Kartoffelstampf, die geriebenen Kartoffeln, die Eier und den Speck, streuen einen Esslöffel Mehl darüber, würzen herzhaft mit Salz, Pfeffer und Muskatnuss und vermischen das alles – auch mit der Kartoffelstärke – sehr sorgfältig. Probieren Sie: wahrscheinlich brauchen Sie von allen Gewürzen noch etwas mehr, das Gemisch sollte eher etwas »überwürzt« schmecken, weil die Kartoffeln viel Würze brauchen.

Die Masse kommt nun in eine gut gebutterte und mit Semmelbröseln bestreute Kastenform, und nach spätestens 60 Minuten im auf 200 Grad vorgeheizten Backofen ist die Potthucke schön braun und gar. Lassen Sie sie 10 Minuten abkühlen, dann stürzen Sie sie und schneiden sie zum Servieren in 2 Zentimeter dicke Scheiben.

Am besten schmeckt die Potthucke mit Feldsalat, finde ich, Gemüse passt auch gut dazu. Aber wenn Sie sie erst ganz abkühlen lassen und dann scheibenweise in Butter braten, reicht eigentlich auch ein Bier.

Sellerieschnitzel

Doch, auch vegetarische Gerichte können so lecker sein, dass man das Fleisch nicht vermisst. Der deftige Sellerie verwandelt sich durch das Vorkochen in ein ziemlich feines Gemüse. Sparen Sie nicht am Butterschmalz, das beim Braten etwas in die Panade zieht und sie schön knusprig macht.

ZUBEREITUNG Die Stängelansätze oben und das Wurzelwerk unten von der Knolle abschneiden, den Rest in gleichmäßige Scheiben von gut einem Zentimeter Dicke zerteilen. Die Scheiben schälen, halbieren oder vierteln und etwa 10 Minuten lang in gesalzenem Wasser mit etwas Zitronensaft halbweich kochen.

In der Zwischenzeit für die Panade das Ei auf einem flachen Teller gründlich verquirlen, salzen und pfeffern. Dann das Paniermehl gleichmäßig auf einem anderen Teller verteilen und etwas Mehl auf einem dritten Teller.

Die Selleriestücke abgießen, mit kaltem Wasser abschrecken und abkühlen lassen.

Zum richtigen Panieren wenden Sie die Stücke zuerst im Mehl, klopfen sie etwas mit den Händen ab, ziehen sie durch das verquirlte Ei, und dann panieren Sie sie gleichmäßig, aber wirklich so, dass die Stücke komplett von einer dünnen Panierschicht überzogen sind. Erhitzen Sie das Butterschmalz in einer großen Pfanne sehr stark, legen Sie die Schnitzel hinein, und wenn das Butterschmalz jetzt an den Rändern der Schnitzel schön hochschäumt, dann war die Pfanne heiß genug und auch genügend Butterschmalz drin. Braten Sie die Sellerieschnitzel 2 Minuten bei mittlerer Hitze an, drehen sie um, dann noch 2 Minuten weiterbraten. Sollten sie jetzt auf beiden Seiten schön goldbraun sein, dann sind sie fertig.

Dazu passt Salat, oder Möhrengemüse oder einfach Butterreis.

ZUTATEN
für 2 – 3 Personen

1 Sellerieknolle
1 Ei
5 EL Paniermehl
100 g Butterschmalz
Mehl, Pfeffer, Salz

Spiegeleier mit Paprika

ZUTATEN
für 2 Personen

2 grüne Paprikaschoten

1 Zwiebel

1 kl. Dose Tomaten

1 gehäufter TL Paprikapulver

1 Prise Chilipulver

4 Eier

Olivenöl, Salz, Pfeffer

Das ist ursprünglich ein türkisches Gericht, das man praktisch zu jeder Jahreszeit zubereiten kann, wenn man Lust auf Spiegeleier hat und es einfach mal schnell gehen muss. Das Gemüse wird nicht lange gedünstet, weil es noch etwas knackig bleiben soll.

ZUBEREITUNG   Die Paprikaschoten waschen, längs halbieren, den Strunk abschneiden und die Kerne herausnehmen. Die Hälften noch einmal längs halbieren und dann quer in Streifen schneiden. Die Zwiebel schälen, längs achteln und ebenfalls quer in feine Streifen schneiden. Die Dosentomaten klein würfeln.

Dann die Zwiebel und Paprikastreifen in einer großen Pfanne in etwas Olivenöl bei mittlerer Hitze dünsten, salzen, pfeffern und mit dem Paprikapulver und Chili würzen. Die Tomatenstücke mit maximal der Hälfte ihres Safts einrühren, alles 5 Minuten offen köcheln. Jetzt die 4 Eier einfach wie Spiegeleier über das Gemüse schlagen, die Pfanne mit einem Deckel abdecken und die Eier in 5 Minuten stocken lassen. Vorsichtig mit Salz und Pfeffer nachwürzen und sofort servieren.

Dazu schmeckt natürlich türkisches Fladenbrot, mit Reis als Beilage wird es sogar ein vollständiges Gericht.

Penne all'arrabbiata

Wie scharf die Sauce im Endeffekt wirklich ausfällt, hängt immer von der tatsächlichen Schärfe der Chilischoten ab. Als Faustregel gilt: je kleiner, desto schärfer, egal ob rot oder grün. Im Zweifelsfall lieber erst mal eine Chilischote mitkochen und nach 10 Minuten probieren, dann können Sie immer noch mit weiteren Chilischoten nachschärfen.

ZUBEREITUNG   Den Speck quer in schmale Streifen schneiden, die Zwiebeln schälen und in kleine Würfel zerteilen, die Tomaten aus der Dose ebenfalls etwas zerkleinern, die Chilischoten längs halbieren, Stängel abschneiden und die Kerne herauskratzen.

Den Speck schwitzen Sie in der Butter glasig an, dann nacheinander die Zwiebeln dazu, den (geschälten) Knoblauch hineinpressen und schließlich alles mit den Chilischoten noch 2, 3 Minuten dünsten lassen. Jetzt löschen Sie das Ganze mit den Dosentomaten und ihrem Saft ab und würzen mit Pfeffer, Salz und einer ordentlichen Prise Zucker. Die Sauce muss nun im offenen Topf 30 Minuten vor sich hin köcheln, dann hat sie die richtige Konsistenz. Fischen Sie die Chilischoten heraus, und schmecken Sie die Sauce noch einmal ab. Wenn es Ihnen nicht scharf genug ist, helfen Sie eben mit Chilipulver nach.

Die Penne kochen Sie richtig al dente, das heißt so, dass sie noch ordentlich Biss haben, in diesem Fall also noch nicht ganz gar sind, weil sie ja noch in der Sauce etwas weiterköcheln. Abgießen und nicht mit Wasser abschrecken, aber etwa 0,1 Liter Kochwasser auffangen.

Vermischen Sie Sauce und Penne sehr gründlich, und lassen Sie beides noch einmal 2 bis 3 Minuten zusammen köcheln. Wenn die Sauce nun zu dick wird, können Sie sie mit dem Nudelwasser wieder etwas verdünnen.

Vor dem Servieren rühren Sie die gehackte Petersilie hinein, und über die gefüllten Teller streuen Sie den frisch geriebenen Parmesan.

ZUTATEN
für 4 Personen

1 Pf. Penne
100 g durchwachsener Speck (in dünnen Scheiben)
2 Zwiebeln
2 Dosen Tomaten (à 400 g Einwaage)
2 Knoblauchzehen
2 frische rote Chilischoten (etwa 5 cm lang)
50 g Parmesan
½ Bund glatte Petersilie
2 EL Butter
Pfeffer, Salz, Zucker

Steinpilz-Kartoffeln mit Rührei

ZUTATEN
für 2 Personen

etwa 350 g Kartoffeln (vorwiegend festkochend)
400 g Steinpilze
Olivenöl, Salz, Pfeffer

FÜR DAS RÜHREI

4 Eier
0,1 l Milch
Butter, Salz, Pfeffer

AUSSERDEM

½ Bund Schnittlauch

Steinpilze sind eine solche Delikatesse, dass man ihr einzigartiges Aroma nicht mit Gewürzen oder Kräutern behindern sollte. Mit den Kartoffeln als Unterlage harmonieren sie perfekt, und zusammen mit dem Rührei sind sie ein so großartiger Genuss, dass man glatt vergessen könnte, dass sie so teuer sind. Leider finde ich sie nicht, wenn ich selber suchen gehe.

ZUBEREITUNG Zuerst putzen Sie die Steinpilze, das heißt eigentlich, dass Sie sie auf Erdreste untersuchen und diese möglichst ohne Wasser mit einem feuchten Tuch oder mit einem weichen Küchenpinsel entfernen. Anschließend schneiden Sie alles weg, was nicht schön aussieht, danach die Stängel in sehr dünne Scheiben, die Hüte in etwas dickere, also maximal 5 Millimeter. Den Backofen auf 200 Grad vorheizen.

Jetzt die Kartoffeln schälen und auf dem Gemüsehobel sehr dünn scheibeln. Es sollten so viele sein, dass Sie eine gut mit Olivenöl ausgepinselte Tarte- oder Pizzaform damit flächendeckend auslegen können und die Scheiben sich dabei noch leicht überlappen. Die Kartoffeln gleichmäßig salzen und ganz leicht pfeffern. Die Steinpilze ebenfalls flächendeckend auf den Kartoffelscheiben verteilen, leicht mit Olivenöl beträufeln, etwas salzen und die Form locker mit Alufolie abdecken. In den Backofen schieben und 30 Minuten garen. Den Schnittlauch in feine Röllchen schneiden.

Kurz vor Ende der Garzeit bereiten Sie das Rührei vor. Dazu verquirlen Sie die Eier mit der Milch, salzen und pfeffern. Lassen Sie etwas Butter in einer Pfanne richtig heiß werden, und gießen Sie die Eiermilch hinein. Die lassen Sie nun auf mittlerer Hitze stocken, zunächst ohne zu rühren. Sobald Sie sehen, dass die Flüssigkeit am Rand der Pfanne fest wird, schieben Sie das Rührei mit langsamen Bewegungen von außen nach innen, sodass wieder Flüssiges auf den Pfannenboden gelangen kann. Wenn die Masse halbwegs gestockt ist, schalten Sie die Hitze ab und rühren die Eier, die jetzt komplett gestockt und leicht cremig sein sollten, noch einmal durch.

Zum Servieren verteilen Sie zunächst so gut wie möglich Kartoffeln (unten) und Steinpilze (oben) auf zwei Tellern, legen das Rührei oben auf, streuen locker die Schnittlauchröllchen darüber und servieren sofort. Wenn Sie die Steinpilze selbst gesammelt haben und deswegen noch etwas Geld übrig ist, gönnen Sie sich Champagner dazu. Aber nur zu zweit, und nur, wenn an dem Abend kein anderer mehr stören kann.

Für schnellen Genuss nach der Arbeit

Walnuss-Pesto

Pestos sind eine sehr nützliche Erfindung der Italiener für schnelles Kochen nach der Arbeit, weil man sie gut vorbereiten und im Kühlschrank aufbewahren kann. So hat man jederzeit eine leckere Sauce für Nudeln zur Hand, die dann nur noch gekocht werden müssen, und im Handumdrehen steht ein fertiges Essen auf dem Tisch.

ZUBEREITUNG Die Walnusskerne zuerst im Mixer nicht zu fein mixen, sie sollen noch etwas grobkörnig bleiben. Die Basilikumblätter mit einem Messer in dünne Streifen schneiden, den Pecorino reiben, beides zu den Walnüssen in den Mixer geben, etwas salzen, dann das Olivenöl dazugeben. Alles zusammen mixen, aber so, dass noch ganz kleine Stückchen zu sehen sind.

Das Pesto ist jetzt relativ cremig, aber es wird ja noch mit Nudelwasser verdünnt. Die Tagliatelle nach den Angaben auf der Packung in gesalzenem Wasser al dente kochen, das kann je nach Qualität zwischen 8 und 12 Minuten dauern, also immer mal wieder probieren, damit sie nicht zu weich werden.

Abgießen, etwa 0,1 Liter vom Nudelwasser auffangen, die Tagliatelle selbst nicht abschrecken, sondern wieder in den heißen Topf zurückschütten. Das Nudelwasser mit dem Pesto verrühren, über die Nudeln schütten und gründlich vermischen. Alles noch einmal gut heiß werden lassen und sofort servieren.

ZUTATEN
für 400 g Pasta

400 g breite, flache Nudeln (Tagliatelle)
100 g frische Basilikumblätter
100 g Walnusskerne
150 g Pecorino
Etwa 0,1 l Liter Olivenöl
Salz

Wirsingrouladen auf norddeutsche Art

ZUTATEN
für 6 Wirsingrouladen

FÜR DIE FÜLLUNG

1 Pf. Gehacktes halb und halb
(Schwein und Rind)
1 Zwiebel
1 Knoblauchzehe
150 g Knollensellerie
(geputzt, gewogen)
1 kl. Apfel
1 Ei
1 TL Senf
Salz, Pfeffer, Butter

FÜR DIE SAUCE

4 Zwiebeln
0,3 l Sahne

Wirsing ist schon seit meiner Kindheit mein Lieblingswintergemüse, besonders mag ich Wirsingrouladen. Im Ruhrgebiet füllt man die Kohlrouladen eigentlich ausschließlich mit Hackfleisch. Die norddeutsche Art aus Schleswig-Holstein wirkt allerdings durch den Sellerie und den Apfel in der Füllung saftiger und feiner, besonders auch wegen der sahnigen Zwiebelsauce.

Achten Sie schon beim Einkauf darauf, dass der Wirsing wirklich groß und schön dunkelgrün ist und von außen keine braunen Stellen hat, außerdem müssen die Blätter richtig Spannung haben – nur dann ist er wirklich frisch, und nur dann werden die Rouladen so lecker, wie sie werden sollen.

ZUBEREITUNG Vom Wirsing am Strunk die äußeren zwölf Blätter abschneiden. Die gewaschenen Blätter in einem großen Topf mit kochendem Salzwasser etwa 2 bis 3 Minuten heftig kochen, dann sofort im Waschbecken mit kaltem Wasser abkühlen, aber das Kochwasser nicht wegschütten. Die dicken Rippen der Blätter flach schneiden und mit der Hand ausdrücken.

Für die Füllung die Zwiebeln und den Sellerie in sehr kleine Stücke schneiden und beides bei mittlerer Hitze in einer großen Pfanne mit einem ordentlichen Esslöffel Butter 5 Minuten bei geringer Hitze kurz glasig dünsten, dann den Knoblauch dazupressen, vorsichtig salzen und pfeffern, abkühlen lassen. Den Apfel schälen, entkernen, in sehr kleine Würfel schneiden. Apfelstücke, gedünstete Zwiebeln und Sellerie gründlich mit dem Gehackten, Ei und Senf verkneten, noch einmal herzhaft würzen.

Jeweils die 6 äußeren, dunkelgrünen Wirsingblätter nebeneinander legen, darauf dann jeweils ein zweites, helleres Blatt, beide flach drücken. Jetzt legen Sie zwei Esslöffel der Füllung an den unteren Rand der Blätter, wickeln die Masse mit einer Umdrehung ein, klappen die Blattränder nach innen und wickeln diese mit den weiteren Umdrehungen zur Roulade fest, sodass die Füllung nicht an den Seiten herausquitschen kann. Zum Schluss die Roulade mit Spießchen feststecken oder mit Küchengarn zusammenbinden. Die restlichen Zwiebeln schälen und grob zerschneiden.

Die Rouladen in 2 Esslöffeln Butter deftig von allen Seiten anbraten, sie sollen ruhig braune Stellen bekommen, aber keine schwarzen, die Zwiebelstücke kurz mitbraten, mit zwei Suppenkellen von der Kochbrühe ablöschen, Deckel drauf und bei geringer Hitze 15 Minuten schmoren, dann umdrehen und weitere 15 Minuten schmoren. Nun dürfte eigentlich nur noch wenig Flüssigkeit im Topf sein. Die Rouladen herausnehmen, Sahne hineingießen und offen kochen lassen, bis die Sauce leicht cremig geworden ist, noch einmal mit Salz abschmecken, fertig.

Die Wirsingrouladen auf vorgewärmte Teller legen und mit den Zwiebeln und der Sauce übergießen, dazu gibt's frische Pellkartoffeln.

Blaue Zipfel

ZUTATEN
für 4 Personen

FÜR DEN SUD

0,7 l Wasser

0,1 l Weißweinessig

0,2 l trockener Weißwein

2 Gewürznelken

1 TL Pfefferkörner

3 Lorbeerblätter

1 TL Zucker

3 mittelgr. Gemüsezwiebeln

Salz, Pfeffer

AUSSERDEM

24 Nürnberger Rostbrat-
würstchen (ersatzweise
auch Thüringer Bratwürste
oder eine andere gut
gewürzte Bratwurst,
pro Person 150 – 200 g)

Hinter diesem lustigen Namen verbirgt sich ein fränkischer Klassiker, bei dem die Bratwurst eben nicht gebraten, sondern gesiedet wird. Durch den Essig bekommt die Haut einen weiß-bläulichen Schimmer, daher stammt die Bezeichnung. Dazu brauchen Sie natürlich unbedingt eine kräftig gewürzte Bratwurst, am besten Original Nürnberger Bratwürste, die man inzwischen auch ganz gut außerhalb Bayerns bekommen kann. Nichtbayern dürfen aber auch mit jeder anderen leckeren Bratwurst etwas schummeln …

ZUBEREITUNG Wasser, Essig, Weißwein und die Gewürze mit dem Zucker zum Kochen bringen, gut salzen. Die Gemüsezwiebeln schälen, längs halbieren und quer in schmale Streifen schneiden. Diese Streifen geben Sie in den aufgekochten Sud und lassen sie 15 Minuten köcheln, sie sollten noch etwas Biss haben. Jetzt legen Sie die Bratwürste hinein und lassen sie 10 Minuten im sehr heißen Sud ziehen, aber ohne zu kochen.

Zum Servieren verteilen Sie die Zwiebeln gleichmäßig auf vier Suppenteller, gießen den vorher noch einmal abgeschmeckten Sud dazu und legen die Bratwürste obenauf, eventuell noch etwas frisch gemahlenen Pfeffer darüber streuen.

Dazu passt deftiges Roggenbrot mit Butter und nach Laune etwas scharfer Senf.

Die mediterrane Variante des Kartoffelpürees

Kartoffelpüree mit Oliven

Das ist die mediterrane Variante des deutschen Kartoffelpürees mit Milch und Butter. Wie viel Kochwasser und Olivenöl Sie für das Püree genau brauchen, hängt davon ab, wie stärkehaltig die Kartoffeln sind. Nehmen Sie hier also die Flüssigkeitsmengen als Richtwerte und gießen so viel davon zu, wie Sie brauchen, damit das Püree schön cremig wird.

ZUBEREITUNG Die Kartoffeln schälen und in Salzwasser gar kochen, dann das Wasser abgießen, aber etwa 0,2 Liter davon in einem Becher auffangen. Die Kartoffeln mit dem guten alten Stampfer und 0,1 Liter des Kochwassers im heißen Topf zerstampfen, danach das Olivenöl und die durchgepresste Knoblauchzehe einrühren. Das Püree bleibt generell etwas fester als ein Püree mit Milch, aber Sie können es mit dem restlichen Kochwasser auf die gewünschte Geschmeidigkeit einstellen. Erst zum Schluss die in kleine Stückchen gehackten Oliven hinzufügen, mit Salz und etwas weißem Pfeffer abschmecken und das Kartoffelpüree noch einmal richtig heiß werden lassen; ein zusätzlicher Stich Butter verfeinert übrigens noch das Aroma.

Passt wunderbar zu Salat, gebratenem Fisch oder Lammfleisch.

ZUTATEN
für 4 Personen

1 kg vorwiegend fest-
kochende Kartoffeln
0,2 l Olivenöl
1 Knoblauchzehe
100 g schwarze Oliven,
entsteint
Salz, weißer Pfeffer

Flammekuchen

ZUTATEN
für 4–6 Personen

FÜR DEN TEIG

350 g Weizenmehl

150 g Roggenmehl

30 g frische Hefe (etwa xx des Würfels)

etwa 0,3 l Wasser

1 TL Salz

Zucker

FÜR DEN BELAG

200 g Zwiebeln

250 g durchwachsenen Speck (in dünnen Scheiben)

250 g Sahnequark

200 g Schmand (20 % Fett)

2 EL Sonnenblumenöl

Muskatnuss, Salz, Pfeffer

Was für die Italiener die Pizza ist, ist für die Franzosen der Flammekuchen, der ursprünglich aus Elsass-Lothringen stammt. Die Mischung aus Weizen- und Roggenmehl gibt dem Teig seinen typisch kräftigen Geschmack. Achten Sie darauf, dass er wirklich dünn ausgerollt ist und der Backofen sehr heiß, sonst wird der Flammekuchen nicht so knusprig, wie er sein sollte.

ZUBEREITUNG   Für den Teig schütten Sie beide Mehlsorten in eine tiefe Rührschüssel, drücken mit der Hand eine kleine Kuhle hinein und streuen die locker zerbröselte Hefe mit etwas Zucker dorthinein. Gießen Sie die Kuhle mit etwas zimmerwarmem Wasser auf, und decken Sie die Wasseroberfläche zum Schluss mit Mehl ab. Wenn sich diese Mehldecke nach oben wölbt und das Mehl deutliche Risse zeigt, was normalerweise spätestens nach 15 Minuten der Fall ist, dann hat die Hefe angefangen zu gären.

Jetzt verkneten Sie – am besten erst mit den Knethaken eines Rührgeräts – alles zusammen mit dem restlichen Wasser und streuen nach ungefähr einer Minute das Salz ein. Mit der Maschine weiterkneten, bis der Teig sich deutlich zu einer festen Masse entwickelt hat (nach circa 5 Minuten), dann die Handprobe machen: Der Teig muss sich kühl und ganz leicht feucht anfühlen, fest sein, aber geschmeidig, und nur ganz wenig kleben. Wenn er zu trocken ist, etwas Wasser zugeben und einkneten, wenn er zu sehr klebt, etwas Mehl. Jetzt kneten Sie mit der Hand weiter, bis der Teig eine wirklich kompakte, glatte und elastische Kugel ist. Dann zurück in die Schüssel damit und mit einem Küchentuch abdecken. Bei Zimmertemperatur dürfte (und müsste) er spätestens nach 45 Minuten deutlich aufgegangen sein. Dann kneten Sie ihn wieder richtig kräftig durch und lassen ihn so noch mal aufgehen, jetzt ist er so weit, dass Sie ihn weiterverwenden können.

In der Zwischenzeit haben Sie schon bequem die geschälten Zwiebeln längs halbiert und quer in feine Streifen geschnitten, den durchwachsenen Speck auch. Den Quark mit dem Schmand und dem Öl vermischen, herzhaft mit Muskat, Pfeffer und Salz abschmecken. Den Ofen auf 250 Grad vorheizen.

Den Teig halbieren und sehr dünn ausrollen, das ergibt jeweils etwa die Fläche eines Backblechs (Sie brauchen also zwei Backbleche oder zwei Backgänge mit je einem Blech). Jede ausgerollte Hälfte noch einmal in vier Stücke schneiden und gleichmäßig mit der Creme bestreichen – nicht zu dünn – und darauf wiederum die Zwiebeln und den Speck verteilen.

Mir gefällt der Flammekuchen so ohne Käse am besten, Sie können aber noch geriebenen Hartkäse wie Emmentaler oder Greyerzer daraufstreuen. Aber wenn, dann maximal 100 Gramm für beide Bleche, das ist schließlich keine Pizza.

Nach 10 bis 12 Minuten im Ofen ist der Teig knusprig, und die Ränder biegen sich etwas nach oben – sofort servieren.

Farfalle mit Bratwurstsauce

ZUTATEN

für 3 – 4 Personen

1 Pf. Farfalle (oder kurze
Makkaroni)
600 g frische grobe Bratwurst
(z. B. auch Thüringer oder
Nürnberger)
1 Pf. Fenchel
1 gr. Zwiebel
2 Knoblauchzehen
2 Dosen geschälte Tomaten
(je 400 g)
2 Lorbeerblätter
Salz, Pfeffer, Zucker,
Olivenöl

Auch wenn sich diese Sauce im Grunde genommen sehr deutsch anhört, geht sie doch auf ein italienisches Rezept, die Pasta con Salcicce, zurück. Die Salcicce ist in Italien eine frische grobe Bratwurst, die mit Fenchelsamen gewürzt wird. Wenn Sie die bekommen können, nehmen sie natürlich diese Bratwurst. Da sie in Deutschland aber nur selten angeboten wird, können Sie für dieses Rezept auch ruhig eine gut gewürzte deutsche Bratwurst nehmen.

ZUBEREITUNG   Die Bratwurst in etwa einen Zentimeter breite Stücke schneiden. Die Zwiebel längs vierteln und in sehr feine Streifen schneiden. Vom Fenchel die grünen Stängel abschneiden, waschen, die Knolle längs halbieren. Dann schneiden Sie den dicken weißen Strunkansatz innen keilförmig heraus und halbieren den Fenchel noch einmal längs, bevor Sie ihn quer in etwas dickere Streifen als die Zwiebel schneiden. Den Knoblauch fein hacken, und die Tomaten klein schneiden.

Braten Sie die Bratwurststücke in Olivenöl kräftig von allen Seiten an, dann die Zwiebeln dazu, bis sie glasig sind (aber nicht braun werden lassen), jetzt den gehackten Knoblauch und sofort danach den Fenchel. Rühren Sie alles auf mittlerer Hitze noch einmal kräftig durch, salzen und pfeffern dabei und eine Prise Zucker dazu. Gießen Sie die klein geschnittenen Tomaten mit dem Saft in den Topf, werfen Sie die Lorbeerblätter hinein, und wenn Sie noch ein paar frische Thymianzweige dazutun, schmeckt es noch besser. Lassen Sie die Sauce offen bei niedriger Hitze vor sich hin köcheln, bis sie leicht eingedickt ist, das dauert maximal 15 Minuten. In der Zeit sollten die Nudeln gar sein, die gießen Sie einfach ab und vermischen sie gründlich mit der Sauce. Noch einmal abschmecken, vor allem auch mit frisch gemahlenem schwarzem Pfeffer. Sie können natürlich zum Servieren Parmesan darüberstreuen, aber ich finde, der fehlt bei dieser Sauce ausnahmsweise mal nicht.

HERBST

Cordon bleu

ZUTATEN

für 2 Personen

2 Schnitzel vom Schweine-
rücken (einen guten Zentimeter dick, mit einer vom
Metzger so groß wie möglich
eingeschnittenen Tasche
zum Füllen)
2 Scheiben gekochten
Schinken
100 g Emmentaler
1 gr. Ei
4 EL Paniermehl
100 g Butterschmalz
Pfeffer, Salz

Noch so ein Gericht, bei dem keiner mehr weiß, wo genau der französische Name eigentlich herkommt, und auf meinen zahlreichen Frankreichreisen habe ich es auch tatsächlich noch nie auf einer Speisekarte gesehen. In deutschen Gast-häusern ist es dagegen ziemlich häufig vertreten und hört sich so jedenfalls viel feinschmeckerischer an als auf gut Deutsch: gefülltes Schnitzel. Sagen Sie Ihrem Metzger, was Sie mit dem Fleisch vorhaben, damit er die Tasche für die Füllung richtig einschneiden kann.

ZUBEREITUNG   Den Käse grob raspeln. Dann die eingeschnittene Tasche des Schnitzels mit einer Scheibe des passend zurechtgeschnittenen Schinkens so auslegen, dass Sie den geraspelten Käse gleichmäßig einfüllen können: Also kleidet im Idealfall der Schinken den Innenraum wie eine Tapete aus, und innen ist der Käse. Die Schnitzel von beiden Seiten salzen und pfeffern.

Und so geht die sorgfältige Vorbereitung der Panade: Zuerst verquirlen Sie das Ei

in einer kleinen Schüssel und gießen es auf einen flachen Teller, dann verteilen Sie das Paniermehl gleichmäßig auf einem anderen Teller mit etwas Salz und Pfeffer gewürzt. Nun ziehen Sie jeweils ein gefüll-tes Schnitzel durch das verquirlte Ei, dann panieren Sie es gleichmäßig, aber wirklich so, dass das Schnitzel schön von einer dünnen Panierschicht überzogen und die Füllung noch innen dringeblieben ist. Erhitzen Sie das Butterschmalz in einer großen Pfanne sehr stark, legen Sie die Schnitzel hinein, und wenn das Butter-schmalz jetzt an den Rändern der Schnitzel schön hochschäumt, dann war die Pfanne heiß genug und auch genug Butterschmalz drin. Drehen Sie nun die Hitze runter, braten Sie die Schnitzel 2 Minuten lang weiter, drehen Sie sie um, und nach weiteren 2 Minuten legen Sie den Deckel auf, damit der Käse schmelzen kann. Braten Sie nun beide Cordons bleus in maximal 5 Minuten bei geringer Hitze fertig, dann müsste der Käse geschmolzen und das Fleisch gar sein.

Servieren Sie die Cordons bleus sofort und möglichst ohne Zitronenscheibe – die brauchen Sie nur, wenn Sie zu zaghaft gewürzt oder geschmackfreies Fleisch aus konventioneller Massentierhaltung gekauft haben.

Bobotie

Dieser traditionelle, süß-sauer abge-
schmeckte Hackfleischauflauf ist ein
im Grunde zu jeder Jahreszeit passender
Klassiker der kap-malaiischen Küche
Südafrikas. Dort wird er zwar nur mit
Rinderhackfleisch zubereitet, aber ich
finde, dass er durch die Mischung mit
dem etwas fetteren Schweinehackfleisch
noch an Geschmack gewinnt.

ZUBEREITUNG Die Aprikosen eine
Stunde lang in heißem Wasser einweichen,
danach in kleine Würfel schneiden. Die
Zwiebeln längs halbieren und quer in
dünne Streifen schneiden. Den Ingwer
schälen und fein reiben.

Den Zucker in einem Topf bei mittlerer
Hitze schmelzen, bis er leicht goldbraun
aussieht. Die Zwiebeln in den flüssigen
Zucker rühren und darin andünsten, anschließend mit dem Essig ablöschen und
aufkochen. Currypulver und Tomatenmark
zufügen, dann den Ingwer und die Aprikosen untermischen, salzen und pfeffern.

Gehacktes in einem großen Topf in Butter
anbraten, dann die Zwiebelmischung dazugeben und alles gut vermischen, noch
einmal herzhaft mit Pfeffer, Salz und
Worcestersauce abschmecken. Im geschlossenen Topf 15 Minuten leicht köcheln
lassen. Backofen auf 180 Grad vorheizen.
Die Eier mit der Milch verquirlen. Das
Hackfleisch in eine Auflaufform umfüllen,
Eiermilch darüber gießen und den geriebenen Parmesan gleichmäßig darüberstreuen. Etwa 30 Minuten lang im Backofen garen und mit Reis servieren.

ZUTATEN
für 4 Personen

500 g Gehacktes, halb und
halb (Schwein und Rind)
1 EL Zucker
4 Zwiebeln
3 EL milder Weißweinessig
1 EL Tomatenmark
1 EL mittelscharfes
Currypulver
5 getrocknete Aprikosen
1 Stück frischer Ingwer (20 g)
0,3 l Milch
2 Eier
100 g Parmesan
Butter, Worcestersauce
Pfeffer, Salz

Winter

Rote Bete

ZUTATEN
für 4 Personen

8 Knollen Rote Bete von
mittlerer Größe (jeweils
etwa 100 g)
5 Frühlingszwiebeln
250 g Joghurt
100 g Schmand
3 EL Sonnenblumenöl
Zitronensaft, Salz, Pfeffer,
Zucker

Gerade wenn Sie rote Bete nur als in Essig eingelegtes Gemüse aus dem Glas kennen, sollten Sie dieses Rezept einmal ausprobieren. Nur ohne den Essig kann man die leichte Süße und Erdigkeit dieser tief dunkelroten Knollen wirklich schmecken, außerdem werden sie beim Selbstkochen nicht so weich. Da es sie auch im Sommer gibt, sind sie in dieser Zubereitung ein leichtes Zwischengericht, eine vegetarische Vorspeise oder auch eine Beilage zu kurz gebratenem Lamm- und Schweinefleisch.

ZUBEREITUNG Zuerst die Rote-Bete-Knollen gut waschen, aber nicht schälen, und in gesalzenem Wasser weich kochen – das kann ungefähr eine Stunde dauern, die Knollen sollten aber noch etwas Biss haben. Während sie kochen, putzen Sie die Frühlingszwiebeln und schneiden sie in

sehr feine Ringe. Salzen, pfeffern, eine Prise Zucker dazu und gründlich mit Joghurt und Schmand vermischen, das Sonnenblumenöl einrühren und zum Schluss noch einmal auch mit etwas Zitronensaft herzhaft abschmecken.

Zum Servieren die heißen Knollen schälen, vierteln und mit der Sauce übergießen. Dadurch kühlen sie etwas ab, und lauwarm ist genau die richtige Temperatur.

Grünkohlsuppe

Zugegeben: Als ich diese Suppe zum ersten Mal gekocht habe, wusste ich zwischendurch auch nicht mehr so genau, was das denn nun werden sollte. Eine Gemüsesuppe? Dafür ist sie zu deftig. Ein Eintopf? Dafür ist sie zu fein. Also liegt sie genau dazwischen, und das macht ihren besonderen Reiz aus.

ZUBEREITUNG Die Zwiebel in kleine Würfel schneiden und zusammen mit dem fein gehackten Knoblauch im Gänseschmalz glasig andünsten, dann den Grünkohl einrühren und auf mittlerer Hitze andünsten, bis er zusammenfällt, salzen, pfeffern und mit einem halben Teelöffel Zucker und einer gute Prise Muskatnuss würzen. Mit der Brühe und dem Wasser ablöschen, Bauchspeck hineinlegen und das Ganze 30 Minuten köcheln lassen.

In dieser Zeit die Kartoffeln schälen und in kleine Würfel schneiden, dann in der Suppe noch einmal 15 Minuten mitkochen, bis sie weich sind. Anschließend die Mettwürstchen 10 Minuten in der Suppe sieden. Bauchspeck und Mettwürstchen herausnehmen und in Stücke schneiden. Die Crème fraîche einrühren und die Suppe mit dem Zauberstab etwas pürieren, also so, dass das Gemüse zwar kleiner wird, aber noch etwas Struktur behält. Abschmecken, Würstchen und Speck wieder in der Suppe erhitzen und sehr heiß servieren.

Gut, sie sieht nicht wirklich toll aus, aber schmeckt hervorragend und ist eine sehr (auf-)wärmende Alternative zum geschmorten Grünkohl.

ZUTATEN
für 4 Personen

400 g küchenfertig gehäckselter Grünkohl (wenn Sie frischen Grünkohl kaufen brauchen Sie knapp 2 kg, weil Sie dann die dicken Äste mitrechnen müssen)
50 g Gänseschmalz (ersatzweise Schweineschmalz)
1 gr. Zwiebel
1 Knoblauchzehe
¾ l Fleischbrühe
¾ l Wasser
100 g durchwachsener Bauchspeck am Stück (geräuchert)
300 g Kartoffeln
100 g Crème fraîche
4 Mettwürstchen
Salz, Pfeffer, Zucker, Muskatnuss

Muscheln mit Currygemüse

ZUTATEN
für 2 – 4 Personen

FÜR DEN MUSCHELSUD

2 kg Muscheln

1 Möhre

1 Stange Porree

2 Lorbeerblätter

¼ l trockener Weißwein

¼ l Wasser

½ Bund Petersilie

Salz, Pfeffer, Zucker

FÜR DAS GEMÜSE

2 Möhren

1 Stange Lauch

etwa 1 gestrichener EL mildes Currypulver

1 EL Crème fraîche

Die bekannteste Art, Muscheln zu servieren, ist bei uns in Nordrhein-Westfalen die »rheinische Art«, also in einem Weißweinsud mit etwas Gemüse. Diese Art bildet hier praktisch die Grundlage für die weitere Zubereitung mit noch einmal frisch gedünstetem Gemüse und etwas Currypulver. Weil Muscheln einen sehr hohen Eiweißgehalt haben, vertragen sie keine große Hitze über längere Zeit, dann werden sie gummiartig. Wenn Sie nur sehr kurz gegart werden, bleiben sie dagegen zart und saftig.

ZUBEREITUNG   Zuerst müssen die Muscheln noch einmal richtig schwimmen, und zwar im Waschbecken in sehr viel kaltem Wasser, mindestens zweimal, bis das Wasser einigermaßen klar ist. Dann die Muscheln sorgfältig kontrollieren, die »Bärte«, also die Fäden, die manche Muscheln noch an sich haben, entfernen und alle beschädigten oder offenen Muscheln wegwerfen. Danach alle Muscheln noch einmal gründlich mit kaltem Wasser abspülen.

Für den Sud die Möhren in kleine Würfel oder Streifen schneiden, den Porree waschen und putzen, dann längs halbieren und quer in dünne Streifen schneiden, und nehmen Sie auch ruhig ordentlich vom Grün dazu. Die Petersilie waschen.

Jetzt dünsten Sie das Gemüse in einem Topf mit möglichst großem Durchmesser mit der Butter in folgender Reihenfolge an: zuerst den Porree 2 Minuten dünsten, dann die Möhren noch einmal 2 Minuten dünsten, alles pfeffern, salzen und eine Prise Zucker dazu, dann alles mit dem Weißwein und dem Wasser ablöschen, zwei Lorbeerblätter und die grob zerschnittene Petersilie dazu, alles aufkochen, dann etwa 10 Minuten köcheln lassen. Lassen Sie den Sud danach etwas abkühlen.

Dann die Muscheln auf einmal in den Sud schütten; wenn der Topf zu klein sein sollte, kochen Sie die Muscheln lieber in zwei Durchgängen – wenn zu viele übereinanderliegen, können sie nicht aufgehen, denn sie brauchen Platz dazu. Die Muscheln bei größter Hitzezufuhr und mit geschlossenem Deckel aufkochen. Sobald der Sud richtig aufkocht, gehen die Muscheln auf und sind dann sofort gar, das ist eine Sache von 2 Minuten, sie brauchen wirklich nicht länger gekocht zu werden. Das würde nun auch einfach so schon gut schmecken, aber für die Currymuscheln geht's noch weiter:

Nehmen Sie die Muscheln heraus und löffeln das Muschelfleisch aus den Schalen, alle nicht geöffneten Muscheln wegwerfen, den Sud durch ein Sieb abgießen. So können Sie beides im Voraus zubereiten und auch problemlos einige Stunden oder über Nacht im Kühlschrank aufbewahren, allerdings getrennt voneinander. Vor dem Essen schneiden Sie die gewaschenen Möhren und den geputzten Lauch in feine Streifen, dünsten beides in einer Pfanne mit Rand (oder einem Wok) in etwas Öl an,

gießen etwa 0,1 Liter von der Brühe dazu und lassen es offen 5 Minuten köcheln, dann salzen, pfeffern und das Currypulver einrühren. Nun noch einmal kurz mit der Crème fraîche aufkochen, die Muscheln einrühren und richtig heiß werden lassen.

Dazu passt Reis sehr gut, wenn es ein Hauptgericht sein soll, frisches Baguette, wenn es leicht bleiben soll oder als Vorspeise gereicht wird.

Gulaschsuppe

ZUTATEN

für 4 Personen

1 kg Rindfleisch (etwa halb
so groß wie normales Gulasch
geschnitten)
1 Beinscheibe vom Rind
4 Markknochen vom Rind
4 Zwiebeln
2 Knoblauchzehen
1 große Möhre
1 Stange Lauch
100 g Knollensellerie
200 g Kartoffeln
1 EL edelsüßes Paprikapulver
1 kl. Chilischote
0,2 l kräftigen Rotwein
1 Dose Tomaten in
Stücken (400 g)
100 g Schweineschmalz
1,5 l Wasser
1 gehäufter TL Speisestärke
Pfeffer, Cayennepfeffer, Salz,
Zucker

Rindfleisch allein reicht nicht aus, um eine wirklich kräftige Gulaschsuppe zu kochen. Daher müssen auch Markknochen sowie Suppenfleisch und -gemüse dazu. Dann wird die Suppe allerdings so lecker, dass Sie vielleicht doch lieber gleich die doppelte Menge ansetzen sollten.

ZUBEREITUNG Die Zwiebeln schälen, längs halbieren und quer in dünne Streifen schneiden. Sellerie, Möhre und Lauch waschen und putzen, vom Lauch nur den Teil bis zu den dunkelgrünen Blättern verwenden, alles in zwei Stücke schneiden, nicht kleiner, weil man es sonst hinterher nicht aus der Suppe fischen kann. Knoblauch fein hacken.

Die Fleischwürfel in einer großen Pfanne oder einem großen Topf (Bräter) mit schwerem Boden im Schweineschmalz von allen Seiten scharf und dunkel anbraten. Achten Sie darauf, dass alle Fleischstücke Kontakt mit dem Boden haben können, sonst werden sie nicht schön braun, und es wird hinterher nichts mit der dunklen Suppe und dem kräftigen

Gulascharoma. Also besser in zwei Portionen anbraten und währenddessen schon salzen und pfeffern.

Dann das Fleisch aus dem Topf nehmen und beiseitestellen. Im selben Fett die Zwiebeln und den fein gehackten Knoblauch anbraten, bis auch die Zwiebeln deutlich dunkel geworden sind, aber nicht schwarz, sonst wird es bitter. Zum Schluss das Paprikapulver hinein, kräftig salzen und pfeffern, schnell verrühren und mit dem Rotwein ablösen, kurz aufkochen lassen. Die Tomaten und ihren Saft hineinschütten, Beinscheibe, Markknochen, Chilischote und das Gemüse dazugeben, mit dem Wasser auffüllen und alles zusammen 30 Minuten köcheln. Inzwischen die Kartoffeln in kleine Würfel schneiden und zusammen mit den Fleischstücken zur Suppe geben. Alles noch einmal circa 45 Minuten offen köcheln, dann müsste das Fleisch auch gar sein. Gemüsestücke, Chilischote, Markknochen und Beinscheibe aus dem Topf fischen. Das Fleisch von der Beinscheibe klein schneiden, das weiche Mark aus den Knochen löffeln und zurück in die Suppe damit. Etwa 0,1 Liter von der Suppe in ein Glas schütten, Speisestärke darin auflösen, wieder in die Suppe schütten und noch einmal aufkochen, damit die Suppe bindet. Final abschmecken und mit Fladenbrot oder Baguette servieren.

Rosenkohl

Dieser Rosenkohl ist sozusagen die gekonnte Verfeinerung einer Gemüsesorte, die, im Ganzen gegart, manchmal doch etwas sehr kohlig schmeckt. So macht es am Anfang zwar etwas mehr Arbeit, doch dafür geht die eigentliche Zubereitung sehr schnell.

ZUBEREITUNG   Zuerst schneiden Sie den Strunk der Röschen unten ab und entfernen die äußeren Blätter, bis die schönen kommen. Jetzt entblättern Sie die Röschen eins nach dem anderen, indem Sie die Blätter einfach abzupfen, bis nur noch der Strunk übrig ist, den werfen Sie weg. Die Blätter blanchieren Sie in einem großen Topf: reichlich Wasser aufkochen lassen, kräftig salzen, dann die Blätter 2 Minuten lang offen sprudelnd kochen lassen, abgießen und sofort mit viel kaltem Wasser abschrecken, abtropfen lassen. Bis hierhin können Sie sie vorbereiten und stundenlang locker in einer Plastiktüte im Kühlschrank aufbewahren.

Die restliche Zubereitung geht ganz schnell: die abgetropften Rosenkohlblätter in der Butter bei mittlerer Hitze und gelegentlichem Rühren 5 Minuten lang dünsten, dabei mit Pfeffer, Salz und frisch geriebener Muskatnuss würzen. Wenn Sie wollen, gießen Sie etwas Sahne dazu, dann wird das Ganze noch etwas saftiger, aber nehmen Sie wirklich nur wenig Sahne. So fein kann er sein, der Rosenkohl.

Am liebsten esse ich ihn so zu Wild, egal ob Reh, Hase oder Wildschwein. Passt aber auch, wenn das Schwein nicht wild war.

ZUTATEN
für 4 Personen

1 kg Rosenkohl
1 EL Butter
Sahne, Pfeffer, Salz, Muskatnuss

Schwarzwurzeln

ZUTATEN
für 4 Personen

1 kg Schwarzwurzeln
100 g Crème fraîche
Salz, Pfeffer, Zitronensaft

Die Vorbereitung der Schwarzwurzeln ist eigentlich das Schwierigste bei diesem Rezept, weil sie so sandig sind und beim Schälen schnell klebrig werden. Trotzdem sollten Sie sich dieses feine Gemüse, das früher auch Winterspargel genannt wurde, in der kalten Jahreszeit nicht entgehen lassen. Als Kind mochte ich sie nicht, aber in dieser zeitgemäßen, leichten Zubereitung freue ich mich heute immer schon im Voraus darauf, wenn es sie endlich wieder gibt.

ZUBEREITUNG Vor dem Schälen der Schwarzwurzeln Wasser und den Saft einer halben Zitrone in eine große Schüssel gießen. Die Schwarzwurzeln erst unter fließend kaltem Wasser gründlich abwaschen, damit so wenig Sand wie möglich an der Schale bleibt. Nun die Schwarzwurzeln mit nassen Händen so schnell wie möglich mit einem Sparschäler schälen, damit Sie damit fertig sind, bevor der klebrige Saft austritt. Die Enden knapp abschneiden und die Wurzeln in das Zitronenwasser legen. In einem möglichst breiten Topf Wasser aufkochen, salzen und die Schwarzwurzeln so in Stücke schneiden, dass sie in den Topf passen. Die Schwarzwurzeln je nach Dicke 15 bis 20 Minuten köcheln, dann abgießen und mit der Crème fraîche verrühren, bis sie die Schwarzwurzeln gleichmäßig überzieht und dabei noch mal richtig heiß werden lassen. Noch einmal mit etwas Salz, Pfeffer und ein paar Tropfen Zitronensaft abschmecken. So sind sie eine passende Beilage zu jeder Art von Fleisch oder Geflügel.

Wie beim richtigen Spargel kommt man aber auch problemlos mit Pellkartoffeln und Butter als Sättigungsbeilage aus.

Spinakopita

Da der Spinatkuchen nicht nur in Griechenland, sondern auch in der Türkei zu Hause ist, bekommen Sie die fertigen Teigblätter in allen türkischen Supermärkten. Durch die mit Butter bepinselten Teigschichten wird er genauso knusprig wie Blätterteig.

ZUBEREITUNG Von den Spinatblättern alle dicken Stängel abreißen, danach die Blätter zweimal mit sehr viel kaltem Wasser gründlich waschen und mit beiden Händen fest ausdrücken. Die Frühlingszwiebeln putzen und quer in dünne Ringe schneiden, auch das Grüne. Die Ringe dünsten Sie nun in etwas Olivenöl an und geben dann die Spinatblätter dazu, etwas salzen und pfeffern, bei großer Hitze gelegentlich rühren, bis der Spinat in sich zusammenfällt. Den schütten Sie nun in ein großes Sieb zum Abtropfen und Abkühlen. Lassen Sie die Butter in einem kleinen Topf flüssig werden. Den Backofen auf 180 Grad vorheizen.

Die Dillspitzen von den dicken Stängeln zupfen und fein hacken. Den Feta in kleine Würfel schneiden. Jetzt nehmen Sie die Teigblätter aus der Packung und legen die Auflaufform mit einer Lage aus. Die bepinseln Sie mit der flüssigen Butter und fahren so weiter einzeln fort, bis fünf Lagen Teigblätter aufeinanderliegen. Drücken Sie den abgekühlten Spinat noch einmal mit den Händen aus, mischen ihn in einer großen Schüssel gründlich mit dem Dill und den Fetawürfeln, schmecken mit Salz und Pfeffer ab und verteilen diese Masse auf den Teigblättern in der Auflaufform. Die Füllung decken Sie mit drei, natürlich wieder einzeln mit Butter bepinselten, Teigschichten ab. Nach 45 Minuten im Ofen ist die Spinakopita oben knusprig und innen gar. In rechteckige oder quadratische Stücke schneiden.

ZUTATEN
für eine große rechteckige Auflaufform

3 Pf. frischer Spinat
6 Frühlingszwiebeln
1 Bund Dill
350 g Feta (Schafskäse)
1 Pf. dünne Teigblätter aus der Packung (Yufka oder Filo)
100 g Butter
Olivenöl, Salz, Pfeffer

Linsenbolognese

ZUTATEN
für 4 Personen

250 g rote Linsen
2 Zwiebeln
2 Knoblauchzehen
2 Stangen Stangensellerie
1 gr. Möhre
0,4 l Gemüsebrühe
0,2 l Wasser
1 EL Tomatenmark
Olivenöl, Salz, Pfeffer

AUSSERDEM

500 g Farfalle oder andere
kurze Nudeln

Irgendwann gegen Ende des Winters kommt bei mir immer die Zeit, wo ich keine Lust mehr auf Kohl, Schmorgerichte und Eintöpfe habe, aber frisches Frühlingsgemüse jahreszeitlich bedingt noch nicht in Sicht ist. Da helfen Hülsenfrüchte wie weiße Bohnen oder Linsen schnell weiter, vor allem, wenn man sie nicht einweichen muss wie diese roten Linsen. Sie garen schneller, weil sie geschält sind, schmecken etwas feiner als braune Linsen und werden oft in der arabischen Küche verwendet. Diese Zubereitung wirkt aber eher italienisch, und deswegen habe ich sie Bolognese genannt, weil sie ideal zu Nudeln passt.

ZUBEREITUNG   Weil rote Linsen geschält sind, müssen sie nicht eingeweicht werden. Die Gemüsesorten schälen, waschen und putzen, dann im Mixer kurz relativ fein hacken. Dann das Gemüse in etwas Olivenöl andünsten, salzen und pfeffern, die Linsen einrühren und mit der Gemüsebrühe und dem Wasser aufgießen, zum Schluss das Tomatenmark hinzufügen. Alles zusammen etwa 20 Minuten köcheln, dann sind die Linsen weich, haben aber noch etwas Biss. Noch einmal abschmecken.

Die Nudeln al dente kochen, kurz mit heißem Wasser abspülen und mit der Linsenbolognese mischen. Alles zusammen noch einmal richtig heiß werden lassen und servieren.

Käsefondue

ZUTATEN

für 4 Personen

250 g Emmentaler

250 g Greyerzer

250 g Raclette

0,3 l trockener Weißwein

1 TL Speisestärke

1 Knoblauchzehe

Kirschwasser

weißer Pfeffer, Muskatnuss

Baguette

ALS BEILAGE

Mixed Pickles, Cornichons,
luftgetrockneter Schinken

Von allen Fondue-Arten ist mir das Käse-
fondue immer noch das liebste. Wenn
es draußen so richtig kalt ist und man in
Gesellschaft um den heißen Käsetopf
sitzt und mit dem Weißbrot durch die
Käsemasse rührt, ist ein schöner Abend
garantiert. Am besten schmeckt es natürlich, wenn Sie echten Schweizer Käse
nehmen, schließlich wurde das Fondue
ja in dem Alpenland erfunden.

ZUBEREITUNG   Die Knoblauchzehe
halbieren und den Fonduetopf kräftig
damit ausreiben. Alle Käsesorten grob
reiben oder raspeln und mit dem kalten
Weißwein aufsetzen. Lassen Sie Wein
und Käse bei mittlerer Hitze langsam
heiß werden, und außerdem sollten Sie
immer mal wieder gründlich rühren,
damit der Käse gleichmäßig schmilzt und

nicht klumpt. Lösen Sie die Speisestärke
in etwas kaltem Wasser auf, und gießen Sie
sie kurz vor dem Kochen zur Käsemasse,
damit diese bindet. Lassen Sie das Fondue
kurz aufkochen, noch einmal durchrühren,
mit etwas weißem Pfeffer, frisch geriebener
Muskatnuss und eventuell einem Gläschen
Kirschwasser abschmecken.

Den Fonduetopf auf den Rechaud stellen
und das in Würfel geschnittene Baguette
mit der Gabel darin eintauchen, kurz
drehen und genießen. Wenn der Käse
zum Schluss auf dem Topfboden leicht
ansetzt und dabei etwas bräunt, ist das
noch einmal ein besonderes geschmack-
liches Finale. Und Kirschwasser für danach
sollte auch noch da sein …

Gebratener Curryreis mit Schweinefleisch

Eigentlich ist das ein typisches Reste-Essen aus meiner Studentenzeit, wenn mal wieder in der Wohngemeinschaft am Tag vorher zu viel Reis gekocht worden war und der noch irgendwie veredelt werden sollte. Weil dieses Reste-Essen aber so lecker ist, koche ich es bis heute gern, wenn einfach mal was Schnelles zu essen hermuss. Dann koche ich sogar den Reis neu, wenn keine Reste da sind ...

ZUBEREITUNG   Wichtig ist, dass der Reis schön körnig und trocken ist. Wenn Sie übrig gebliebenen Reis vom Vortag nehmen, hat er meist schon von allein die richtige Verfassung, wenn Sie ihn frisch kochen, sollten Sie ihn nach dem Garen auf einem großen, flachen Teller »ausdampfen« und abkühlen lassen. So oder so wird der Reis körnig, wenn Sie ihn mit wenig Wasser kochen, am besten im Verhältnis Reis : Wasser 1 : 2, für 200 Gramm Reis brauchen Sie also 0,4 Liter Wasser. Das bringen Sie zum Kochen, salzen so stark, dass es tatsächlich leicht salzig schmeckt, und schütten den Reis hinein. Wieder aufkochen, die Hälfte des Currypulvers dazu, umrühren und knapp 10 Minuten mit geschlossenem Deckel und bei geringer Hitze ganz sanft köcheln,

dann die Hitze abschalten und noch einmal 10 Minuten quellen lassen, anschließend wie oben beschrieben abdampfen lassen. Falls Sie Restereis nehmen, rühren Sie das gesamte Currypulver direkt zum Fleisch.

Die Lauchstange putzen und waschen, längs halbieren und quer in dünne Streifen schneiden, auch das gesunde Grüne.

Die Schnitzel schneiden Sie in mundgerechte längliche Streifen oder Würfel und braten sie mit etwas Sonnenblumenöl von allen Seiten kurz und scharf an, streuen das Currypulver dazu und rühren die Lauchstreifen zum Fleisch, etwas salzen und pfeffern. Das lassen Sie nun bei mittlerer Hitze etwa 5 Minuten lang offen dünsten, bis der Lauch weich ist, aber noch etwas Biss hat.

Den Reis braten Sie ebenfalls in einer separaten Pfanne in Öl an, zunächst ohne Rühren, bis die Reiskörner unten eine leicht hellbraune Kruste bilden; dann wenden, noch etwas weiterbraten und anschließend das Fleisch mit dem Lauch unter den Reis mischen. Sofort servieren. Wenn Sie diesen Reis noch etwas »verschärfen« wollen, geht das mit ein paar Tropfen Tabasco oder anderen Chili-Saucen.

ZUTATEN
für 4 Personen

200 g Langkornreis
3 Schweineschnitzel
1 Stange Lauch
1 EL mittelscharfes Currypulver
Sonnenblumenöl, Salz, Pfeffer

Rollbraten

ZUTATEN
für rund 4 Personen

1 Schweinerollbraten von
ca. 1,2 kg (im Netz)
4 Zwiebeln
1 Knoblauchzehe
1 gr. Möhre
1 EL Kümmel (ganz)
2 Lorbeerblätter
1 Fl. Bier (am besten
bayrisches Lager)
Pfeffer, Salz, Kartoffelstärke,
Pflanzenöl

Achten Sie bei diesem bayrischen Gasthaus-Klassiker unbedingt auf die Fleischqualität, vor allem sollte der Rollbraten nicht zu mager sein, sonst wird er wegen der langen Schmorzeit zu trocken.

ZUBEREITUNG   Den Backofen auf 180 Grad vorheizen. Den Rollbraten im Pflanzenöl von allen Seiten kräftig braun anbraten, dabei salzen und pfeffern und zum Schluss den Kümmel darüberstreuen. Das Würzgemüse schälen, waschen und in zwei, drei Stücke zerschneiden, die Knoblauchzehe halbieren. Dann nehmen Sie den Rollbraten aus der Pfanne und dünsten das Gemüse kurz in dem Bratenansatz an, bis es auch etwas gebräunt ist, und löschen es mit der Hälfte des Bieres ab, kurz aufkochen, noch einmal etwas salzen und pfeffern. Den Braten legen Sie in eine flache, ofenfeste Form, das Würzgemüse und die Lorbeerblätter drumherum, und zum Schluss gießen Sie das aufgekochte Bier mit dem Kümmel über den Braten.

Den stellen Sie nun in den Backofen, und nach 15 Minuten schalten Sie die Temperatur auf 150 Grad zurück, nach weiteren 15 Minuten drehen Sie den Braten einmal um. Jetzt dauert es noch etwa 30 Minuten, bis der Braten gar, aber noch saftig ist. Lassen Sie ihn noch 20 Minuten im abgeschalteten Backofen ruhen, die Zeit nutzen Sie für das Saucen-Finish: Gießen Sie die Sauce durch ein Sieb in einen kleinen Topf, das restliche Bier dazu, und lassen es sehr heiß werden. Verrühren Sie einen gehäuften Teelöffel Kartoffelstärke mit etwa 0,1 Liter kaltem Wasser und kochen das zusammen mit der Sauce 3 Minuten lang heftig durch – die Sauce wird dadurch nicht wirklich dick, sondern nur leicht gebunden, und das soll auch so sein. Zum Servieren entfernen Sie das Netz vom Braten, schneiden ihn in etwa 2 Zentimeter dicke Scheiben und gießen die Sauce darüber. Dazu passen eigentlich alle Kohlsorten und natürlich Kartoffeln.

Sauerkraut
mit Kasslerwürfeln

Ich verwende ausschließlich knackig frisches Kraut, weil mir das Sauerkraut aus Dosen und Vakuumbeuteln durch das Konservieren schon vor dem Kochen viel zu weich ist. Außerdem wird das empfindlich zarte Kasslerfleisch als Würfel schnell trocken und hart, wenn Sie es zu lange und zu heiß braten – also versuchen Sie bitte nicht, es knusprig zu braten.

ZUBEREITUNG   Zuerst das Sauerkraut kurz mit klarem Wasser abspülen, mit den Händen ausdrücken, und mit so viel frischem Wasser aufsetzen, dass es gut bedeckt ist. Nach einer Kochzeit von maximal 10 Minuten gießen Sie das Kochwasser durch ein Sieb ab und drücken das Sauerkraut, nachdem es etwas abgekühlt ist, so gut wie möglich mit den Händen aus. Je mehr Flüssigkeit dabei weggeht, desto einfacher lässt es sich andünsten. Jetzt dünsten Sie das Sauerkraut bei mittlerer Hitze in einem Schmortopf mit dem Schweineschmalz an, dabei salzen und

pfeffern. Es kann ruhig immer mal wieder auf dem Topfboden ansetzen und bräunen, darf aber nicht schwarz werden, also ab und zu rühren. Nach ungefähr 5 Minuten ist das Sauerkraut genau richtig, also nicht zu weich.

In dieser Zeit schneiden Sie das Kasslerfleisch in etwa gleich große, quadratische Würfel und braten diese in der Pfanne mit der Butter an – aber insgesamt höchstens 5 Minuten, dabei immer wieder rühren. Mehr Zeit brauchen die wirklich nicht, und Vorsicht mit dem Salz, Kassler ist eigentlich schon salzig genug, aber frisch gemahlener Pfeffer passt prima. Legen Sie das Sauerkraut in die Mitte der Teller und verteilen die Kasslerwürfel mit der Bratbutter darüber. Dazu passt etwas altbackenes Roggenbrot, also mindestens von gestern – aber auch Pellkartoffeln mit Butter.

ZUTATEN
für 4 Personen

4 Scheiben Kasslerrücken
ohne Knochen (mindestens
1 cm dick)
750 g frisches Sauerkraut
1 EL Schweineschmalz
1 EL Butter
Salz, Pfeffer

Himmel un Äd

ZUTATEN
für 4 Personen

1 Kilo mehlig-kochende
Kartoffeln
etwa 0,3 l Milch
100 g Butter
4 Äpfel (Cox Orange, Elstar)
1 Pf. Blutwurst (im Ring
und Naturdarm)
Salz, Pfeffer, Zucker, Butter
evtl. noch 2 große Zwiebeln

Himmel un Äd, ein ganz altes Traditions-
gericht des Rheinlands, bekommen Sie
dort in allen Brauereikneipen und Gast-
häusern in unterschiedlichen Versionen,
aber immer mit den typischen Zutaten:
Äpfel für den Himmel, in den die Bäume
wachsen, Kartoffeln für die Erde (»Äd«),
aus der sie kommen, und die Blutwurst
vom Schwein, das genau dazwischen
unter den Bäumen in der Erde wühlt.
Diese Version der »Himmel un Äd« ist
eine, bei der alle drei Komponenten
einzeln zur Geltung kommen sollen,
deswegen werden sie hier getrennt
zubereitet.

ZUBEREITUNG Für das Kartoffelpüree
schälen Sie die Kartoffeln und kochen sie
mit gesalzenem Wasser in etwa 20 Minuten
gar. In der Zwischenzeit suchen Sie den
guten alten Kartoffelstampfer, der zwar
meistens in der untersten Schublade ganz
hinten liegt, aber mit einem Mixstab wird
das Kartoffelpüree wegen der Kartoffelstärke immer sehr fest und nicht halb so
cremig. Lassen Sie die Milch in einem
anderen Topf heiß werden. Gießen Sie das
Kartoffelwasser ab, und stampfen Sie die
Kartoffeln, dann gießen Sie etwa 0,2 Liter
der Milch hinein und stampfen weiter, bis
die Kartoffeln die Milch aufgenommen
haben. Salzen Sie etwas, und geben Sie die
in Stücke geschnittene kalte Butter auf die
Kartoffeln. Stampfen Sie weiter, bis auch
die Butter in die Kartoffeln eingearbeitet
ist, dann rühren Sie das Püree mit einem
Schneebesen durch, und jetzt probieren
Sie mal: Wenn das Püree noch zu fest ist,
rühren Sie noch mehr Milch ein, bis die
Konsistenz stimmt, es soll schön cremig

sein. Je sorgfältiger Sie vorgehen, desto besser wird das Püree. Vielleicht noch etwas mehr Salz zum Schluss? Halten Sie das Püree auf kleinster Hitze warm.

Der Rest ist schnell erledigt. Die Äpfel schälen, vierteln und entkernen Sie, dann die Viertel noch einmal längs halbieren. Die dünsten Sie bei mittlerer Hitze in etwas Butter an, streuen etwas Zucker darüber und wenden die Stücke. Dünsten Sie die Äpfel in der offenen Pfanne etwa 5 Minuten, sodass sie gerade weich sind, aber nicht zu Mus zerfallen.

In einer zweiten Pfanne braten Sie die Blutwurst, die Sie vorher in etwa 2 Zentimeter dicke Scheiben (mit Haut) geschnitten haben, mit etwas Öl von beiden Seiten je 2 Minuten kräftig an. Deswegen muss die Haut auch dran bleiben, sonst fällt die Blutwurst auseinander.

Und jetzt kommt das Schönste: Zum Servieren streichen Sie das Püree kreisförmig und etwa 3 Zentimeter dick in die Mitte eines Tellers. Legen Sie die Apfelspalten wiederum in die Mitte des Pürees, sodass ein Rand davon sichtbar bleibt.
Zum Schluss die Blutwurststücke obendrauf in die Mitte der Äpfel legen – so schön kann der Himmel der Äd sein.

Wenn Sie noch eins draufsetzen wollen, dann haben Sie vorher zwei Zwiebeln (in dünnen Streifen) in Butter 10 Minuten lang bei mittlerer Hitze gebräunt, die kämen als Krönung jetzt obendrauf – das wäre eigentlich nicht nur himmlisch, sondern schon überirdisch lecker.

Stifado vom Lamm

ZUTATEN

für 6 – 8 Personen

2 kg Lammfleisch aus der Keule

2 kg relativ kleine Zwiebeln (oder Schalotten)

1 kg Tomaten

1 EL Tomatenpüree

2 Knoblauchzehen

1 Zimtstange

4 cl Ouzo

0,2 l Rotwein

0,1 l Olivenöl

1 TL getrockneter Oregano

1 TL getrockneter Rosmarin

1 TL Kreuzkümmel

Pfeffer, Salz

Stifado ist die griechische Variante des Gulaschs, das in Griechenland auch mit Rindfleisch oder sogar mit Kaninchen zubereitet wird. Dieses Originalrezept stammt von einer griechischen Köchin aus einem Bergdorf der Insel Rhodos, bei der ich meinen ganzen Schwiegermutters-Liebling-Charme einsetzen musste, bis sie es mir verriet. Allein schon die Sauce mit dem Rotwein, dem Ouzo und all den Kräutern und Gewürzen ist unglaublich aromatisch.

ZUBEREITUNG Schneiden Sie das Fleisch in Stücke von dreifacher Größe des deutschen Gulaschs. Ein Pfund der Zwiebeln schneiden Sie sehr klein, den Rest, natürlich nach dem Schälen, in schalottengroße Stücke, die Tomaten in große Würfel. Wenn Sie Schalotten nehmen, können Sie sie im Ganzen lassen. Den Knoblauch schälen und fein hacken.

Das Fleisch braten Sie in einem großen Schmortopf portionsweise im Olivenöl an, damit es von allen Seiten bräunen kann, dann geben Sie die klein geschnittenen Zwiebeln dazu, den Knoblauch sowie Salz und Pfeffer ebenfalls, rühren das Tomatenmark hinein und lassen alles kurz dünsten. Anschließend die Zimtstange und alle anderen Kräuter und Gewürze dazugeben, mit dem Rotwein und dem Ouzo ablöschen und das Ganze 30 Minuten bei mittlerer Hitze schmoren. Dann die restlichen Zwiebeln zufügen, umrühren und noch so viel Wasser dazugießen, dass das Stifado fast vollständig bedeckt ist und in Ruhe im geschlossenen Topf vor sich hin köcheln kann. Zimtstange entfernen, dann schmecken Sie noch einmal nach Bedarf mit etwas Oregano, Kreuzkümmel, Salz und einer Prise Zucker ab. Nach weiteren 30 Minuten sollte das Fleisch sehr weich sein, dann ist das Lammstifado fertig und wird nur mit Weißbrot serviert.

Lammhaxen

ZUTATEN
für 4 Personen

Lammhaxen sind deutlich kleiner als Schweinshaxen, aber wesentlich intensiver im Geschmack. Zusammen mit dem Gemüse, dem Rotwein und den frischen Kräutern entwickelt sich beim Schmoren im Backofen eine traumhaft aromatische Sauce. Man bekommt die Lammhaxen am besten in türkischen Geschäften.

ZUBEREITUNG Heizen Sie den Backofen auf 150 Grad vor. Das Gemüse schälen und putzen, alles in relativ große Stücke schneiden, die Knoblauchzehen ganz lassen. Dann die Lammhaxen in einem großen Bräter im Olivenöl rundum kräftig braun anbraten, dabei salzen und pfeffern. Die Lammhaxen aus dem Bräter nehmen, im selben Öl das Gemüse ebenfalls gut bräunen, die Lammhaxen wieder dazugeben und alles mit dem Rotwein ablöschen. Außerdem so viel Wasser dazu schütten, dass das Fleisch knapp bedeckt ist, nun noch die Kräuter dazugeben.

Im Backofen rund 75 Minuten offen garen, alle 20 Minuten das Fleisch umdrehen – es ist gar, wenn es sich mühelos vom Knochen lösen lässt.

Zum Binden die Sauce durch ein Sieb abgießen, etwa 0,2 Liter davon abnehmen und mit zwei gehäuften Teelöffeln Mehl verquirlen. Diese Mischung wieder in die Sauce rühren und sie 3 Minuten köcheln lassen, sie soll absichtlich nicht sehr dick, sondern nur leicht gebunden sein. Zum Schluss noch einmal, vielleicht auch mit einer Prise Zucker und einer Messerspitze scharfem Senf, abschmecken.

Als Gemüse passen Wirsing und Blumenkohl dazu, als Beilage Kartoffelgratin oder Nudeln.

4 Lammhaxen von
je etwa 350 g
4 Möhren
100 g Knollensellerie
1 Stange Lauch
2 Zwiebeln
3 Knoblauchzehen
5 Zweige frischer Thymian
5 Zweige frischer Rosmarin
0,4 l kräftiger Rotwein
Olivenöl, Salz, Pfeffer, Mehl

Zürcher Geschnetzeltes

ZUTATEN

für rund 3 – 4 Personen

600 g Kalbfleisch

300 g Champignons

2 Zwiebeln

¼ l Sahne

0,1 l trockener Weißwein

1 EL fein gehackte Petersilie

Sonnenblumenöl, Pfeffer,

Salz

Wie das Hühnerfrikassee und Leipziger Allerlei kommt auch das Zürcher Geschnetzelte in Kantinen und Gasthäusern leider zu oft nicht in der sorgfältigen Zubereitung auf den Tisch, wie es diese original Schweizer Spezialität verdient hätte. So wie ich es Ihnen in diesem Rezept vorstelle, ist es ein feines Festtagsessen oder für jeden Anlass, an dem man etwas Besonderes zubereiten möchte. Wichtig ist dabei, dass Sie das feine Kalbfleisch nicht zu lange köcheln, damit es zart und saftig bleibt.

ZUBEREITUNG   Das Kalbfleisch lassen Sie sich vom Metzger in einen Zentimeter dicke Schnitzel schneiden, die sie selbst zu Hause in Streifen von etwa einem Zentimeter Breite und 4 Zentimeter Länge weiter vorbereiten. Die braten Sie nun in etwas Öl von allen Seiten kurz und heftig schön braun an, nehmen das Fleisch aus der Pfanne und dünsten in dem Bratfett die Zwiebeln glasig, die Sie vorher in kleine Würfel gehackt haben. Die Champignons waschen, putzen, Stielansätze abschneiden und die Köpfe in dünne, nicht zu große Scheiben schneiden. Die kommen nun zu den Zwiebeln in die Pfanne, dann durchrühren, salzen, pfeffern, den Weißwein und die Hälfte der Sahne zugießen.

Lassen Sie alles zusammen offen köcheln, bis die Sauce leicht cremig eingedickt ist, und schütten Sie dann das Fleisch und die restliche Sahne in die Pfanne. Wenn die Sauce nun wieder leicht cremig eingeköchelt ist, schmecken Sie noch einmal alles ab, streuen die gehackte Petersilie darüber und servieren.

Natürlich passen dazu Kartoffelrösti am besten, aber Bandnudeln oder Reis sind auch prima.

Syllabub

ZUTATEN

für 4 Personen

1 unbehandelte Zitrone

Etwa 0,1 l trockener
Weißwein

2 EL Cognac

80 g Zucker

0,3 l süße Sahne

Muskat

Der Syllabub ist ein traditionelles Dessert aus dem England des 17. Jahrhunderts, jedenfalls laut Überlieferung. Es gibt unterschiedliche Rezepte, aber alle haben als Zutaten Zitronenschale und -saft, Weißwein und Zucker dabei, manchmal auch Sherry. Diese Variante mit Cognac habe ich von meinem homöopathischen Hausarzt bekommen, und deswegen glaube ich, dass sie eigentlich sogar noch gesünder ist als mit Sherry.

ZUBEREITUNG   Die abgeriebene Zitronenschale, den Saft der Zitrone, den Cognac und den Zucker mischen, danach so viel trockenen Weißwein dazugießen, dass es insgesamt eine Menge von etwa 0,2 Litern ergibt. Das verrühren Sie so lange, bis sich der Zucker aufgelöst hat, und stellen es über Nacht in den Kühlschrank.

Vor dem Servieren schütten Sie die flüssige Sahne mit der Hälfte des Gemischs in eine große Schüssel, beide Flüssigkeiten müssen gut kalt sein, sonst könnte die Sahne gerinnen. Schlagen Sie das Gemisch mit einem elektrischen Rührgerät auf, und wenn es anfängt, cremig zu werden, gießen Sie portionsweise den Rest der Mischung zu, bis der Syllabub richtig schön aufgeschlagen ist. Das hält sich zwar problemlos eine Stunde im Kühlschrank schaumig, aber eigentlich könnten Sie doch auch gleich servieren und sich auf großes Staunen bei den Gästen freuen.

Ananas mit Nougat und Basilikum

Auch wenn Sie sich diese ungewöhnliche Kombination vielleicht auf den ersten Blick nicht vorstellen können: Frisches Basilikum und Ananas passen tatsächlich sehr gut zusammen. Und die Nougatsauce rundet das Ganze wunderbar schokoladig ab.

ZUBEREITUNG   Schneiden Sie die Ananas oben und unten großzügig ab, anschließend ebenfalls großzügig schälen und eventuelle braune Stellen wegschneiden. Jetzt vierteln Sie die Ananas der Länge nach und schneiden innen den harten Kern heraus, anschließend schneiden Sie die Viertel quer in einen Zentimeter dicke Stücke. Die kommen in eine Schüssel und werden mit etwas Zucker bestreut.

Schneiden Sie die Nougatmasse in kleine Würfel und lassen sie bei mittlerer Hitze in der Sahne schmelzen, dabei ständig rühren. Das sieht jetzt ziemlich flüssig aus, wird aber später wieder fester, wenn die Nougatsahne abkühlt.

Jetzt schneiden Sie nur noch die Basilikumblätter in sehr feine Streifen von etwa 2 Zentimeter Länge, mischen sie unter die Ananas und lassen beides zusammen 15 Minuten ziehen.

Zum Servieren haben Sie zwei Möglichkeiten zur Wahl: Sie können die Nougatsauce auf den Teller gießen und die Ananasstücke als kleinen Berg darauftürmen, oder Sie häufeln die Ananas auf den Teller und gießen die Nougatsauce darüber. Das sieht sehr interessant aus, und geschmacklich ist es die bessere Variante, weil sich Ananas und Nougat schön vermischen.

ZUTATEN
für 4 Personen

1 reife Ananas
200 g Nougatmasse
0,2 l Sahne
6 Blätter frisches Basilikum

Kuchen und Süßes

Aprikosenkuchen

ZUTATEN

für eine Springform von
26 cm Durchmesser

750 g frische Aprikosen

200 g Butter

180 g Zucker

3 Päckchen Bourbon-Vanille-
zucker

4 Eier

200 g Mehl

1 gehäufter TL Backpulver

abgeriebene Schale von

1 ungespritzten Zitrone

0,1 l Milch

50 g Mandelblättchen

Salz

Die Zubereitung dieses Aprikosenkuchens ist so einfach, dass sie auch Backanfängern mühelos und mit Erfolgsgarantie gelingt. Dazu kommt, dass die Aprikosen kaum Arbeit machen, weil sie nur einen großen Kern haben. Das Ganze geht so schnell, dass man diesen Kuchen noch problemlos morgens backen kann, wenn nachmittags Besuch kommt.

ZUBEREITUNG   Fangen Sie mit dem Rührteig an: die weiche Butter mit Zucker, Vanillezucker und einem Teelöffel Salz schaumig rühren, dann ein Ei nach dem anderen hinein und schließlich die abgeriebene Schale von einer Zitrone. Wenn das alles cremig ist, schütten Sie die erste Hälfte des mit dem Backpulver vermischten Mehls hinein. Alles verrühren, die Hälfte der Milch dazugießen, dann die zweite Hälfte des Mehls wieder verrühren und zum Schluss die restliche Milch. Jetzt müsste der Teig weich und cremig sein, aber so, dass er nur wenig verläuft.

Buttern Sie die Springform schön dick aus, und stäuben Sie sie gleichmäßig mit etwas Mehl ein. Verteilen Sie den Teig gleichmäßig darin, und heizen Sie schon mal den Backofen auf 180 Grad vor.

Die Aprikosen waschen, halbieren und entkernen, dann eng mit der Schnittseite nach unten leicht in den Teig drücken, aber so, dass immer noch etwas Teig zwischen dem Obst ist. Die Mandelblättchen darüberstreuen.

Ab in den Backofen damit, und wenn nach 45 Minuten der Kuchen schön aufgegangen ist, die Aprikosen fast ganz eingesunken und die Mandelblättchen goldbraun sind, stimmt alles. Jetzt muss der Kuchen nur noch auf dem Kuchengitter abkühlen. Dann aus der Form nehmen – und beim Servieren die Schlagsahne nicht vergessen.

Wenn Sie den Kuchen als Blechkuchen backen wollen, müssen Sie die Menge der Zutaten um rund ein Viertel erhöhen.

Florentiner

Sie können diese wunderbaren Plätzchen natürlich zur Weihnachtszeit backen. Aber Weihnachten ist nur einmal im Jahr, und deswegen sollte man sie viel häufiger zu Cappuccino oder Espresso genießen.

ZUBEREITUNG Honig, Zucker, Salz und Butter zusammen mit der Sahne heiß werden lassen, bis sie aufgelöst sind. In einer großen Schüssel die gehackten Mandeln, Mandelblättchen, kandierten Kirschen und das Mehl vermischen, dann mit den Knethaken des Rührgeräts die heiße Flüssigkeit langsam einarbeiten, bis eine weiche Masse entstanden ist.

Den Backofen auf 180 Grad vorheizen. Mit Teelöffeln kleine Portionen vom Teig abstechen und mit etwa 5 Zentimetern Abstand auf ein mit Backpapier ausgelegtes Blech setzen (die Florentiner laufen etwas auseinander). Nach spätestens 15 Minuten sind sie goldbraun und fertig, dann abkühlen lassen.

Die Kuvertüre grob zerhacken, dann in einem kleinen Topf bei geringer Hitze schmelzen und dabei immer wieder rühren. Die Florentiner auf der Unterseite dünn mit der lauwarmen Kuvertüre bestreichen und abkühlen lassen.

ZUTATEN
für etwa 35 Stück

100 g brauner Zucker

1 EL Honig

100 g Butter

0,2 l Sahne

1 Prise Salz

80 g Mehl

100 g gehackte Mandeln

200 g Mandelblättchen

100 g kandierte Kirschen

200 g dunkle Kuvertüre

Bergische Waffeln

ZUTATEN
für 10 – 12 Waffeln

100 g Butter

1 Päckchen Vanillezucker

100 g Zucker

2 Eier

100 g Mehl

½ Päckchen Backpulver

0,2 l Buttermilch

Als wir mit der Aktion »WDR 2 für eine Stadt« in Hückeswagen waren, habe ich auf der öffentlichen Veranstaltung von den örtlichen Hausfrauen so viele unterschiedliche Tipps für die Zubereitung echter bergischer Waffeln bekommen, dass ich anschließend völlig durcheinander war. Nachdem ich mich wieder geordnet hatte, habe ich alle Tipps zusammengefasst, und das ist nun das Ergebnis:

ZUBEREITUNG   Zuerst die weiche Butter mit dem Zucker, dem Vanillezucker und der Prise Salz gründlich verrühren, dann nacheinander die Eier und schließlich das mit dem Backpulver vermischte Mehl dazugeben, dabei immer weiter gründlich rühren. Wenn das gut verrührt ist, die Buttermilch portionsweise zugießen und natürlich auch dabei immer weiterrühren, so lange, bis ein zähflüssiger Teig entstanden ist. Diesen Teig etwa 10 Minuten ruhen lassen, dann die Waffeln in dem vorgeheizten und eventuell mit Butter bestrichenen Waffeleisen goldbraun backen. Die fertigen Waffeln auf einem Kuchengitter abkühlen lassen und vielleicht noch mit etwas Puderzucker bestäuben.

Heiße Kirschen und Sahne dazu sind normalerweise bergische Pflicht, für alle anderen geht ersatzweise Vanilleeis, dass man auf der heißen Waffel schmelzen lässt.

Amerikanische Pancakes mit Ahornsirup

Amerikanische Pancakes unterscheiden sich von deutschen Pfannkuchen dadurch, dass sie durch das Backpulver dicker aufgehen und wegen ihrer Lockerheit schon fast an einen saftigen Kuchenteig erinnern. Die Amerikaner essen sie gerne schon zum Frühstück oder Lunch, aber sie schmecken problemlos zu jeder Tageszeit und sind ein sicherer Hit für Kindergeburtstage.

ZUBEREITUNG Das Mehl mit dem Backpulver, Zucker und Salz gründlich vermischen. Die Milch mit den Eiern verquirlen und die Mischung mit dem Schneebesen portionsweise einarbeiten, bis ein cremiger Teig entstanden ist.

30 Minuten quellen lassen, dann müsste der Teig relativ dickflüssig sein, aber noch gut fließen. In einer beschichteten Pfanne etwas Butter erhitzen und so viel Teig in die Pfanne gießen, dass sie fast bedeckt ist. (Der Teig breitet sich ja immer noch etwas aus – wenn der erste Pancake zu dick wird, nehmen Sie beim zweiten Mal etwas weniger. Optimale Dicke ist ein Zentimeter.) Den Pancake bei mittlerer Hitze braten, bis die Masse so gut gestockt ist, dass man ihn problemlos wenden kann, dann goldbraun fertig braten. Im Backofen bei 100 Grad warm halten, bis alle anderen fertig sind.

Zum Servieren die warmen Pancakes mit etwas Butter bestreichen und mit einem Ahornsirup-Muster verzieren. Ansonsten passen immer noch Vanilleeis und frische Früchte jeder Art dazu.

ZUTATEN
für etwa 4 – 8 Pancakes (je nach Größe der Pfanne, optimal wären 20 cm Durchmesser, dann werden es vermutlich 6)

200 g Mehl
0,2 l Milch
2 Eier
2 gehäufte EL Zucker
1 gestrichener TL Salz
1 gehäufter TL Backpulver
Ahornsirup
Butter

AUSSERDEM NACH VORLIEBE
Vanilleeis, frische Früchte

Apfelpfannkuchen

ZUTATEN

*für etwa 4 Apfelpfann-
kuchen von 20 cm Durch-
messer*

60 g Mehl

60 ml Wasser

60 ml Milch

2 Eier

20 g Zucker

1 Prise Salz

50 g flüssige Butter

FÜR DEN BELAG

2 – 3 süßsaure, feste Äpfel
(Cox Orange, Jona Gold,
Granny Smith)

1 Päckchen Bourbon-Vanille-
zucker

Ich kenne niemanden, bei dem Apfelpfannkuchen nicht mit Kindheitserin-
nerungen verbunden sind. Aber auch
wenn man sie selbst macht, schmecken
sie mindestens genauso gut wie von der
Mutter. Wenn Sie wenig Übung haben,
wird der erste Pfannkuchen vielleicht
noch nicht ganz so schön, aber spätestens
beim zweiten haben Sie den Dreh raus,
wie und wann man die Pfannkuchen
am besten wendet. Ich ziehe die oben
genannten Apfelsorten übrigens dem
klassischen Boskop vor, weil sie fruchtiger
und nicht so mehlig sind.

ZUBEREITUNG   Am Anfang steht der
Teig, weil der eine Zeit lang nachquellen
muss. Verrühren Sie alle Zutaten außer
der Butter mit einem Schneebesen sehr
gründlich, bis eine glatte, mittelflüssig-
cremige Masse entstanden ist. Die Butter
lassen Sie lauwarm in einem kleinen
Topf zerlaufen und gießen die Hälfte davon in den Teig, anschließend noch einmal gründlich verrühren. Dann lassen Sie
den Teig etwa 30 Minuten ausquellen,

damit das Mehl sich richtig mit der Flüssigkeit verbindet.

Wie viele Äpfel Sie für die Pfannkuchen
brauchen, hängt davon ab, wie dick oder
dünn Sie die Scheiben schneiden, nachdem Sie die Äpfel geschält, entkernt und
geviertelt haben.

Ich schneide sie möglichst dünn und
lege sie dann dachziegelartig auf den
Pfannkuchen, aber natürlich erst, wenn der
Teig schon in der Pfanne ist. Wenn es eine
beschichtete ist, haben Sie auch keine Pro-
bleme mit dem Wenden.

Lassen Sie etwas Butter in der Pfanne
zerlaufen, und gießen Sie etwa ein Viertel
des Teigs in die Pfanne, schwenken Sie
kurz, damit der Teig gleichmäßig verläuft.
Lassen Sie den Pfannkuchen bei mittlerer
Hitze etwa 2 Minuten unten fest werden,
dann legen Sie die Apfelscheiben hinein,
die Sie mit etwas flüssiger Butter bepinseln.

Wenn Sie sehen, dass der Teig auch in der
Mitte fest zu werden beginnt, lassen Sie ihn
am besten auf einen Topfdeckel gleiten,
wenden ihn mit Schwung in die Pfanne
zurück und lassen ihn in weiteren 2 Minuten fertig braten. Auf den Teller kommt er
natürlich wieder gewendet, mit den Äpfeln
nach oben. Darauf streuen Sie noch etwas
Bourbon-Vanillezucker, fertig. Die anderen
drei Pfannkuchen gehen genauso.

Preiselbeercreme
mit dunkler Schokolade

ZUTATEN
für eine Schüssel

1 Pf. Quark, (20 % Fett)
0,2 l Sahne
3 EL Zucker
1 Glas Preiselbeeren
1 Tafel dunkle Schokolade
(70 % Kakao)

Das perfekte Rezept für ein sehr schnelles Dessert, als süß-fruchtige Creme für das Partybuffet oder für den Kindergeburtstag.

ZUBEREITUNG   Bei diesem Rezept sind genaue Mengenangaben schwierig, weil Sie die Creme am besten nach Ihrer eigenen Süße-Frucht-Vorliebe einstellen können. Aber gehen Sie mal grundsätzlich so vor: Mischen Sie den Quark mit etwa zwei Dritteln der Preiselbeeren und zunächst mit zwei Esslöffeln Zucker. Die Schokolade schneiden Sie mit einem

schweren Messer erst der Länge nach in etwa einen halben Zentimeter breite Streifen, dann entsprechend quer – dabei entstehen kleine, eher gebrochene als geschnittene Stücke, und das ist auch richtig so.

Ziehen Sie zwei Drittel der Schokoladenstücke unter die Creme, und probieren Sie jetzt: noch mehr Zucker? Noch mehr Preiselbeeren? Aber denken Sie daran, dass auch die steif geschlagene Sahne noch dazukommt. Die ziehen Sie kurz vor dem Servieren locker unter und streuen danach die restliche Schokolade über die Creme.

Gleichschwerkuchen

Der Gleichschwerkuchen heißt so, weil Mehl, Butter und Zucker eigentlich jeweils das gleiche Gewicht haben sollen. Ich habe aber festgestellt, dass der Kuchen mit etwas weniger Butter und etwas saurer Sahne wesentlich lockerer wird und besser gleichmäßig aufgeht.

ZUBEREITUNG   Den Backofen auf 180 Grad vorheizen. Aprikosen und Feigen in kleine Würfel schneiden, Zitronenschale fein abreiben, das Mehl mit dem Backpulver und dem Salz mischen, die Butter lauwarm schmelzen. Ab jetzt sind nur noch das sorgfältige Rühren des Teigs und die richtige Reihenfolge bei den Zutaten wichtig:

Zuerst die Eier mit dem Zucker schaumig rühren, dann die saure Sahne zusammen mit der flüssigen Butter hinzufügen, anschließend das mit dem Salz und Backpulver gemischte Mehl. Alles sorgfältig weiter verrühren und dabei Zitronenschale, Saft und Rum unterziehen. Den Teig 5 Minuten ruhen lassen. Die Trockenfrüchte und die Rosinen mit etwas Mehl vermischen, damit sie besser im Teig haften und beim Backen nicht nach unten sinken, und in den Teig kneten.

Jetzt den Teig in eine gut gebutterte Kastenform füllen und auf der untersten Schiene 60 Minuten backen. Aus dem Ofen nehmen, 10 Minuten abkühlen lassen, aus der Form stürzen und auf einem Kuchengitter auskühlen lassen.

Dazu einen kräftigen schwarzen Tee wie zum Beispiel Assam servieren; wenn es ein kalter Spätnachmittag im Winter ist, darf man auch einen heißen Grog nehmen.

ZUTATEN
für eine Kastenform von 30 cm Länge (20 cm geht auch, dann wird er kürzer und höher, dauert aber etwas länger im Backofen)

3 Eier
250 g Zucker
200 g Butter
100 g saure Sahne
250 g Mehl
½ TL Salz
½ Tütchen Backpulver
geriebene Schale von einer ungespritzten Zitrone
1 EL Zitronensaft
1 EL Rum
je 50 g getrocknete Aprikosen, Feigen und Rosinen

Nussecken

FÜR DEN MÜRBETEIG

300 g Mehl

120 g Butter

2 Tütchen Bourbon-Vanille-
zucker

50 g Zucker

½ TL Backpulver

½ TL Salz

1 Ei

FÜR DEN BELAG

200 g gemahlene Mandeln

200 g gemahlene Haselnüsse

200 g Butter

120 g Zucker

1 Prise Salz

4 EL Wasser

AUSSERDEM

150 g Zartbitter-Kuvertüre

Nussecken gibt es in jeder Bäckerei, weil sie bei allen beliebt sind, egal ob jung oder alt. Leider sparen viele Bäcker meiner Ansicht nach an Mandeln und Nüssen, weil sie neben der Schokolade ja die teuersten Zutaten sind. Ich spare bei diesem Rezept jedenfalls nicht, vor allem auch nicht an der Butter, und nehme gleich viel Nüsse und Mandeln.

ZUBEREITUNG Für den Mürbeteig schneiden Sie die kalte Butter in kleine Würfel, die kommen in eine große Schüssel, dann streuen Sie das Mehl darüber und verkneten beides kräftig und schnell mit den Händen, bis die Butter etwas weicher wird. Anschließend »zerdrücken« Sie das (vorher mit dem Zucker, dem Backpulver und dem Salz gemischte) Mehl zusammen mit der Butter zwischen beiden Händen, bis beides sich zu mischen beginnt, schlagen das Ei darüber und kneten weiter, bis sich ein glatter Teigkloß gebildet hat. Je schneller Sie das schaffen und je kühler der Teig deswegen bleibt, desto mürber wird er hinterher. Sie können auch mit einem elektrischen Rührgerät beginnen und zum Schluss mit den Händen eingreifen. Den Teig wickeln Sie in Klarsichtfolie

ein und lassen ihn eine Stunde im Kühlschrank ruhen.

In der Zeit kochen Sie die Butter, den Zucker und das Salz mit dem Wasser auf; wenn alles aufgelöst ist, schütten Sie die Mandeln und Haselnüsse hinein. Ohne weitere Hitzezufuhr gut vermischen und abkühlen lassen.

Rollen Sie den Mürbeteig auf einer gut mit Mehl ausgestreuten Fläche auf die Größe der Springform aus. Die müssen Sie ausnahmsweise nicht einbuttern, sondern legen den Teig vorsichtig hinein und drücken ihn leicht fest. Sie könnten den Teig natürlich auch in etwa gleich großen Rechtecken ausrollen und auf ein Backblech legen, aber in der Form ist es einfacher, die Mandel-Nuss-Masse gleichmäßig bis zum Rand zu verteilen. Anschließend den Belag mit den Händen kurz fest andrücken.

Nach 45 Minuten im auf 180 Grad vorgeheizten Backofen ist er fertig. Abkühlen lassen, dann die Rundungen gerade schneiden und in etwa 6 x 6 Zentimeter große Quadrate teilen, die Sie diagonal halbieren – bei mir ergibt das 25 Stück, und wenn die jemand zu klein finden sollte, erzählen Sie ihm, wie viel Butter drin ist …

Zum Schluss nur noch die Schokolade erwärmen und die Nussecken an den Ecken damit bestreichen, trocknen lassen und genießen.

Ministollen

ZUTATEN
für 4 – 6 Stollen

250 g Mehl

2 TL Backpulver

150 g Quark (20 % Fett)

1 Ei

4 EL Sonnenblumenöl

50 g Zucker

1 Päckchen Bourbon-Vanille-

zucker

½ TL Salz

50 g Zitronat und Orangeat,

gemischt

50 g geriebene Mandeln

100 g Rosinen

flüssige Butter

Ministollen sind eine schnelle und vor allem für Backneulinge empfehlenswerte Alternative zum klassischen Hefestollen, der neben dem größeren Aufwand bei der Vorbereitung ja immer noch mindestens zwei Wochen lagern muss, damit er wirklich gut schmeckt. Stollen aus Quark-Ölteig schmecken sehr ähnlich, sind sehr saftig und ganz einfach zuzubereiten.

ZUBEREITUNG Das Orangeat und Zitronat mit den Mandeln im Mixer fein zerhacken. In einer Schüssel den Quark, das Öl, den Zucker, das Ei und Salz (ja, wirklich einen halben Teelöffel!) verrühren. Das Mehl mit dem Backpulver vermischen, dann mit den Quirlen des Rührgeräts zunächst die erste Hälfte des Mehls unter die Quarkmasse rühren, danach die zweite Hälfte. Zum Schluss Orangeatmischung

und Rosinen einarbeiten. Sobald sich der Teig vom Rand der Schüssel zu lösen beginnt, nehmen Sie die Hände zu Hilfe und kneten den Teig schnell und kräftig durch. Er ist dann genau richtig, wenn er relativ fest ist, aber gleichzeitig elastisch, nur nicht so sehr, dass er an den Fingern hängen bleibt (in diesem Fall brauchen Sie noch etwas mehr Mehl).

Dann muss der Teig 30 Minuten entspannen. In der Zeit den Backofen auf 180 Grad vorheizen und das Backblech mit Backpapier auslegen. Aus dem Teig vier kleine Stollen formen, auf das Blech legen, mit etwas flüssiger Butter bepinseln und in 30 bis 40 Minuten goldbraun backen. Auf einem Kuchengitter abkühlen, dann in Alufolie eingewickelt 24 Stunden durchziehen lassen.

Wenn Sie nicht alle sofort selbst aufessen, sind die Ministollen übrigens statt Plätzchen ein originelles Mitbringsel für die Adventssonntage der Vorweihnachtszeit.

Orangentarte

Während wir in Deutschland ja eher die Obstkuchen vom Blech oder die dicken Torten favorisieren, lieben die Franzosen traditionell die feine Patisserie wie flache Tartes mit Mürbe- oder Blätterteig als Unterlage. Die Orangentarte ist ein sehr fruchtiger Kuchen, den man auch problemlos als Dessert servieren kann.

ZUBEREITUNG Für den Mürbeteig das Mehl mit Zucker, Salz und Backpulver vermischen. Die kalte Butter in kleine Würfel schneiden und schnell mit beiden Händen in dem Mehl »verreiben«, bis Streusel entstehen. Das Ei hinzufügen und nun mit den Knethaken des Rührgeräts zu einem homogenen Teig kneten, vielleicht muss noch etwas kaltes Wasser dazu. Den Teig in Frischhaltefolie einwickeln und eine Stunde im Kühlschrank ruhen lassen.

Für die Füllung die Schale von den Orangen abreiben, dann den Saft auspressen. Zusammen mit allen anderen Zutaten mit dem Schneebesen verrühren. Backofen auf 180 Grad vorheizen, den Mürbeteig dünn ausrollen und vorsichtig in eine ausgebutterte Tarteform legen. Die Füllung in die ausgelegte Form gießen, 45 Minuten backen, dann abkühlen lassen.

Mit einem ordentlichen Klecks Schlagsahne servieren.

ZUTATEN
für eine Tarteform oder Springform von 26 cm Durchmesser

FÜR DEN MÜRBETEIG
300 g Mehl
1 gestr. TL Backpulver
½ TL Salz
½ EL Zucker
120 g kalte Butter
1 Ei, etwas kaltes Wasser

FÜR DIE FÜLLUNG
2 gr. Bio-Orangen
Saft von einer halben Zitrone
150 g geriebene Mandeln
120 g Zucker
3 Eier
0,1 l Sahne

AUSSERDEM
Frische Schlagsahne

Rumkugeln ohne Rum

150 g geriebene Mandeln
3 Tropfen Bittermandelöl
abgeriebene Schale von einer
Bio-Orange
250 g Puderzucker
200 g Zartbitterkuvertüre
125 g Butter

AUSSERDEM
200 g Schokoladenraspel

Rumkugeln ohne Rum, geht das über-
haupt? Ja, denn man schmeckt den
Unterschied fast gar nicht, und so sind
sie auch als unwiderstehliche Pralinen
für Kinder geeignet.

ZUBEREITUNG Die Kuvertüre
zerhacken und vorsichtig im Wasserbad
schmelzen, die Schüssel aus dem Wasserbad nehmen, Mandeln und Orangenschale
sorgfältig einrühren. Die Butter mit dem
durchgesiebten Puderzucker schaumig
schlagen und esslöffelweise in die lauwar-
me Schokoladenmasse rühren. Mindestens
4 Stunden im Kühlschrank fest werden
lassen.

Zum Formen der Kugeln mit einem Teelöffel etwas Masse abstechen, so schnell
wie möglich kleine Kugeln formen, damit
sie nicht schmelzen, und in den Schoko-
ladenraspeln wälzen. Die Kugeln auf Pergamentpapier legen und im Kühlschrank
noch einmal mindestens 2 Stunden richtig
durchkühlen lassen.

Mit Pergamentpapier dazwischen in eine
Dose schichten und im Kühlschrank aufbewahren.

Bratäpfel mit Dominostein-Füllung

Für die Zutaten dieser auf den ersten Blick etwas kuriosen Bratäpfel müssen Sie einfach nur in den gefüllten Adventsteller greifen – da liegen normalerweise ja immer Dominosteine, Marzipankartoffeln und Äpfel drin, jedenfalls war das in meiner Familie früher immer so. Schon die Vorbereitung der Bratäpfel macht viel Spaß. Wenn Kinder dabei sind, brauchen Sie allerdings mehr als die angegebene Menge, weil das schließlich nicht ohne gleichzeitiges Probieren geht.

ZUBEREITUNG Die Äpfel waschen und mit einem Ausstecher das Kerngehäuse möglichst vollständig ausstechen. Dann schneiden Sie das Loch oben zu einer etwas größeren Öffnung aus, sodass sie in etwa einem flachen Krater ähnelt.

Die Marzipankugeln zu kleinen Stopfen formen und unten in das ausgestochene Loch einpassen, sodass sie die Äpfel unten abdichten. Die Dominosteine zerschneiden und so viel davon in die Öffnung der Äpfel drücken, dass sie gleichmäßig bis oben gefüllt sind. Zum Schluss eine Scheibe kalte Butter auf die Füllung legen.

Die Äpfel in eine Auflaufform setzen und im vorgeheizten Backofen bei 180 Grad etwa 30 Minuten lang backen. Wann sie fertig sind, hängt von der persönlichen Vorliebe ab: Ich finde sie am besten, wenn die Schale gerade aufgeplatzt ist – das dauert meist 10 Minuten länger, weich sind sie aber schon vorher.

ZUTATEN
für 4 Bratäpfel

4 mittelgr. Cox Orange
8 – 10 Dominosteine
3 – 4 Marzipankartoffeln
Butter

Spekulatiuskuchen

ZUTATEN
für eine Springform

250 g Spekulatius

120 g zimmerwarme Butter

400 g Doppelrahm-Frischkäse

120 g Zucker

2 Eier

1 Becher Schmand

1 Bio-Orange

3 Blatt Gelatine

Selbst nach einem üppigen Weihnachtsessen wird niemand dieser köstlichen Verlockung zum Dessert widerstehen können, weil sie so erfrischend leicht schmeckt. Zu allen anderen Jahreszeiten ersetzten Sie den Spekulatius einfach durch Butterkekse. Sie können den Kuchen natürlich auch nachmittags zum Kaffee servieren.

ZUBEREITUNG Zuerst bereiten Sie den Boden vor: Dazu zerbröseln Sie den Spekulatius und arbeiten die zimmerwarme Butter mit einem Kochlöffel in die Krümel ein, bis sich eine gleichmäßige Masse ergibt. Die streichen Sie auf den Boden einer mit Backpapier ausgelegten Springform und stellen diese in den Kühlschrank, nach spätestens einer Stunde ist der Boden fest, und Sie können die Füllung darauf verteilen.

Die stellen Sie so her: Die Gelatine-Blätter weichen Sie in viel kaltem Wasser 5 Minuten lang ein. Die Eier schlagen Sie mit dem Zucker schaumig und rühren den Schmand sowie die sehr fein abgeriebene Schale der Orange ein. Jetzt kommt der Frischkäse dazu, wieder gründlich verrühren, und zum Schluss der Saft der Orange. Den sollten Sie vorher kurz erwärmen und die ausgedrückte Gelatine darin auflösen, dann zur Füllung geben, und wenn Sie noch einmal alles gründlich vermischt haben, verteilen Sie die Masse in der Springform mit dem Spekulatiusboden. Nach mindestens 12 Stunden im Kühlschrank ist sie fest und der Kuchen servierfertig.

Snacks, Party und Co.

Eiersalat

ZUTATEN

für 4 Personen

6 hartgekochte kalte Eier

4 Gewürzgurken

1 EL kleine Kapern

2 Frühlingszwiebeln

1 Bund Schnittlauch

FÜR DIE MAYONNAISE

1 Ei

0,1 l Sonnenblumenöl

1 TL scharfer Senf

Crème fraîche

Essig, Pfeffer, Salz, Zucker

Eigentlich ist das ein Rezept für den Dienstag nach Ostern, wenn wieder einmal so viele bunte Eier übrig geblieben sind. Es ist für mich aber viel mehr als ein Reste-Essen, sondern meinerseits eine Liebeserklärung an das gekochte Ei an sich, das nicht besser schmecken kann als in diesem Salat. Aber nur dann, wenn Sie die Mayonnaise selbst machen – das geht mit dem Mixstab kinderleicht und sehr schnell.

ZUBEREITUNG   Für die Mayonnaise müssen alle Zutaten dieselbe Temperatur haben, und für die schnellste Variante brauchen Sie einen Mixstab. Zuerst geben Sie das Ei in einen runden Becher mit relativ kleinem Durchmesser (nicht größer als 8 Zentimeter). Würzen Sie es mit einer Prise Zucker, Pfeffer, Salz, Senf und etwas Essig, dann gießen Sie das Öl darauf. Stecken Sie den Mixstab so weit in den Becher, dass er den Boden berührt. Schalten Sie ihn auf die höchste Geschwindigkeit, lassen Sie ihn einige Sekunden auf dem Boden des Bechers rotieren, dann

ziehen Sie ihn langsam nach oben, und Sie können schon sehen, wie sich die fertige Mayonnaise bildet. Noch etwa 30 Sekunden weiter kräftig durchmixen, dann ist sie schon fertig – diese selbst gemachte Mayonnaise ist flüssiger als gekaufte, dadurch wird aber der Eiersalat schön saftig. Wenn es für Sie nicht genug Mayonnaise ist, dann mixen Sie einfach noch etwas Crème fraîche oder saure Sahne unter.

Pellen Sie die Eier, und schneiden Sie sie in nicht zu kleine Stücke, sonst wird der Salat zu püreeartig, weil das Eigelb zerbröselt. Deshalb sollten Sie den Salat auch nicht zu heftig durchmischen, sondern mit Gefühl. Am besten gehen Sie so vor: Schneiden Sie die ersten drei Eier erst der Länge nach durch, die Hälften schneiden Sie noch dreimal längs in Streifen und dann dreimal quer. Geben Sie die Würfel in eine Schüssel, salzen und pfeffern Sie etwas. Die Kapern spülen Sie mit kaltem Wasser ab und hacken sie mit einem großen Messer etwas kleiner. Die Gewürzgurken schneiden Sie in kleine Würfel, die Frühlingszwiebeln nach dem Waschen und

Putzen ebenfalls, den Schnittlauch in feine Röllchen. Die Hälfte der Zutaten streuen Sie nun über die Eier und gießen die Hälfte der Mayonnaise darüber und dann mit den Eiern und den restlichen Zutaten dasselbe noch einmal.

Zum Schluss vermischen Sie die restliche Mayonnaise schnell und gründlich und ohne die Eier allzu sehr zu vermatschen. Lassen Sie den fertigen Eiersalat noch 15 Minuten ziehen und schmecken final ab. Großartig.

Dazu noch frische Matjesfilets und kräftiges Landbrot – das ist eine unwiderstehliche Kombination.

Auf die Gabeltechnik kommt es an

Obatzda

ZUTATEN
für eine Schüssel

300 g reifer Camembert
150 g Doppelrahm-Frischkäse
50 g Butter
2 Zwiebeln
3 EL Bier
Kümmelpulver, Paprikapulver, Chilipulver
Salz, Pfeffer

ALS BEILAGEN
Laugenbrezeln und/oder
kräftiges Roggenbrot
Radieschen und/oder
Gewürzgurken
Salzstangen

Fragen Sie mich als geborenen Ruhrgebietler bitte nicht, wie man »Obatzda« richtig ausspricht oder wörtlich übersetzt. Ich weiß aber, wie die wunderbare Creme richtig angemacht wird, weil ich mir das von einem Bamberger Gastwirt genau habe erklären lassen. Dabei ist die Gabeltechnik wichtig:

ZUBEREITUNG Camembert, Frischkäse und Butter zusammen in einer Schüssel mit einer Gabel so fein zerdrücken, dass sie sich vermischen. Zwiebeln fein würfeln und zusammen mit dem Bier unterziehen, anschließend mit den Gewürzen schön pikant abschmecken.

Zusammen mit den oben genannten Beilagen servieren, ein paar Salzstangen können Sie dekorativ in den Obatzda stecken. So machen es die Bayern auch.

Rote-Zwiebel-Tarte

ZUTATEN
für 4 – 6 Personen

1 Packung Blätterteig
750 g rote Zwiebeln
0,1 l trockener Weißwein
10 Walnusskerne
300 g Creme-Champignons
Butter, Salz, Pfeffer

Die roten Zwiebeln haben nicht nur eine schöne Farbe, sondern sind auch deutlich milder als die normalen weißen Zwiebeln. Durch das lange Dünsten bei milder Hitze verwandeln sie sich in ein würziges Gemüse, das sogar eine feine Süße entwickelt. Die Tartes sind zum Beispiel zusammen mit einem Aperitif wie Sherry oder Sekt immer ein willkommener Auftakt für einen Abend mit Gästen oder eine leichte Vorspeise.

ZUBEREITUNG Fangen Sie mit den Zwiebeln an, dann haben Sie die Tränen und die meiste Arbeit hinter sich. Die werden zuerst geschält, dann längs halbiert und schließlich quer in sehr schmale Streifen geschnitten. Diese Streifen dünsten Sie mit 2 Esslöffeln Butter bei mittlerer Hitze im offenen Topf an, bis sie glasig sind, dabei salzen und pfeffern. Lassen Sie sie so lange bei geringer Hitze weiterdünsten, bis nur noch wenig Flüssigkeit im Topf ist, schütten die Hälfte des Weißweins dazu und rühren kräftig durch. Offen weiterdünsten lassen, und wenn die

Flüssigkeit wieder fast verdunstet ist, gießen Sie den Rest hinein. Nach insgesamt ungefähr 45 Minuten müssten die Zwiebeln weich und auf etwa die Hälfte ihres vorherigen Volumens geschrumpft sein.

In dieser Zeit hacken Sie die Walnusskerne ziemlich klein, rühren sie unter die Zwiebelmasse, schmecken noch einmal ab und lassen die Zwiebelmasse auskühlen.

Legen Sie die gefrorenen Blätterteigscheiben auf eine mit Mehl bestreute Arbeitsfläche – sie brauchen zum Auftauen etwa 10 Minuten. Putzen Sie die Champignons, schneiden die Pilzstängel unten ab und anschließend die Pilze in dünne Scheiben, die Sie in einer großen Pfanne mit etwas Butter ganz kurz andünsten, also eigentlich nur mal heiß durchschwenken, damit sie mit der Butter in Berührung kommen. Da sie später oben auf den Tartes liegen, würden sie ohne die Butter zu trocken werden.

Schneiden Sie die Teigscheiben in der Mitte durch, sodass Sie nun Quadrate haben, die Sie auf ein mit Backpapier ausgelegtes Backblech legen. Bestreichen

Sie diese dann mit der kalten Zwiebelmasse in der Mitte so, dass an allen Seiten noch ein etwa einen Zentimeter breiter Rand bleibt – und denken Sie beim ersten Quadrat daran, dass noch einige weitere da liegen, also nicht zu dick …

Die Zwiebelmasse belegen Sie gleichmäßig mit den gedünsteten, aber auch abgekühlten Pilzscheiben, vielleicht noch etwas salzen und pfeffern. Wenn Sie nun noch ein Ei verquirlen und damit die Ränder bestreichen, werden sie besonders schön goldbraun, aber ohne geht's auch. Im auf 180 Grad vorgeheizten Backofen brauchen die Tartes etwa 25 Minuten – warm servieren.

Gehört in Hessen und der Pfalz zu jeder richtigen Mahlzeit

Handkäs mit Musik

ZUTATEN

für 4 – 6 Harzer Roller oder Olmützer Quargel

FÜR DIE MARINADE

2 Zwiebeln

1 TL Kümmel

1 TL edelsüßes Paprikapulver

2 EL Sonnenblumenöl

0,2 l trockener Riesling

FÜR DIE »MUSIK«

3 Zwiebeln

3 EL Riesling

1 EL Weißweinessig

5 EL Sonnenblumenöl

Salz, Pfeffer, Zucker, edelsüßes Paprikapulver

Harzer Roller oder Olmützer Quargel, wie man sie in jedem gutsortierten Supermarkt bekommt, gehören zu den deftigen Sauermilchkäsesorten, die in Hessen und der Pfalz als »Handkäs« zu jeder richtigen Brotzeit gehören. Dass die Beilagen »Musik« heißen, soll übrigens auf die Geräusche zurückgehen, die rohe Zwiebeln bei der Verdauung verursachen können.

ZUBEREITUNG Die Handkäse in eine kleine Schüssel legen, Zwiebeln in feine Ringe schneiden und zusammen mit Kümmel und Paprika darüberstreuen, dann den Riesling und zum Schluss das Öl darübergießen. Abgedeckt einige Stunden, aber am besten über Nacht durchziehen lassen.

Für die Musik die Zwiebeln klein würfeln, mit je einer Prise Paprikapulver und Zucker würzen, pfeffern, salzen. Essig, Riesling und Öl vermischen, über die Zwiebeln gießen und 15 Minuten ziehen lassen.

Die Handkäse aus der Marinade nehmen, 15 Minuten aufwärmen lassen, dann auf Tellern mit der Musik servieren. Dazu passt kräftiges Roggenbrot.

Croque Monsieur

ZUTATEN
für jeweils einen Croque

2 Scheiben Toast
1 Scheibe gekochter Schinken
50 g Emmentaler oder anderer kräftiger harter Bergkäse
Butter

Was den Deutschen einmal der Toast Hawaii war, ist den Franzosen bis heute ihr heiliger Croque Monsieur, den es in jedem Bistro und in jeder Autobahnraststätte in Frankreich gibt. Ist einfach, geht schnell und ist immer eine gelungene Abwechslung zum Butterbrot beim Sonntagsfrühstück oder einfach zwischendurch. Wenn Sie allerdings Gouda statt Bergkäse nehmen, übernehme ich keine Verantwortung für den Geschmack.

ZUBEREITUNG   Wenn Sie so eine robuste, tischgrillartige Klapp-Toast-Maschine wie die Franzosen haben, können Sie den Croque natürlich darin backen. Alle anderen nehmen wie ich diese Backofenversion:

Den Backofen auf 180 Grad vorheizen. Die Toastscheiben hell toasten. Die untere Scheibe des Croque auf beiden Seiten ordentlich buttern und auf ein Backblech legen, dann zuerst den in streichholzartige Streifen geschnittenen Schinken darauf verteilen und den fein geriebenen Käse gleichmäßig darüber. Nun den ebenfalls beidseitig mit Butter bestrichenen zweiten Toast obenauf legen und den Croque 15 Minuten backen, bis er auf der Oberfläche goldbraun und der Käse innen geschmolzen ist.

Erfahrungsgemäß reicht einer pro Person eher nicht …

Auberginenmus

Auberginen haben relativ wenig Eigengeschmack, nehmen aber bereitwillig die Aromen anderer Zutaten, Kräuter und Gewürze an. Dieses Mus wird in unterschiedlichen Varianten überall in Südeuropa entlang des Mittelmeers serviert. Es ist eine sehr typische Sommervorspeise, eignet sich fürs Picknick und natürlich immer als cremige Beilage zu allem, was vom Grill kommt.

ZUBEREITUNG

Die Auberginen längs halbieren, dann auf der Innenseite rautenförmig einschneiden, ohne die Schale zu verletzen, salzen und bei 220 Grad im Backofen backen, bis sie sehr weich geworden sind, das dauert etwa eine halbe Stunde. Herausnehmen, etwas abkühlen lassen und das Fruchtfleisch mit einem Löffel aus der Schale lösen. Die Tomaten halbieren, Glibber und Kerne entfernen, damit das Mus nicht zu flüssig wird. Dann das pure Tomatenfruchtfleisch in kleine Würfel schneiden und zusammen mit den Auberginenfleisch in einen Mixer füllen, Knoblauch durchpressen, ein paar Basilikumblätter dazu, etwas Pfeffer und Salz, ein paar Tropfen Zitronensaft und alles kräftig durchmixen. Jetzt noch einmal auch mit etwas Cayennepfeffer pikant abschmecken, wieder mixen und während des Mixens vorsichtig etwas Olivenöl zugießen, bis der Auberginenkaviar schön cremig geworden ist.

ZUTATEN
für 4 Personen

2 Auberginen
2 Tomaten
2 Knoblauchzehen
1 Prise Cayennepfeffer
5 Blätter frisches Basilikum
Zitronensaft, Olivenöl, Salz, Pfeffer

Gewürzbutter

Sardellen-Kapern-Butter

Currybutter

ZUBEREITUNG Die Sardellenfilets und die Kapern unter fließendem Wasser abspülen und mit dem Pürierstab fein hacken, dann zusammen mit der Butter, der durchgepressten Knoblauchzehe und den abgezupften Thymianblättchen gründlich vermischen und vorsichtig mit Salz, aber ordentlich mit Pfeffer abschmecken. Im Kühlschrank mindestens 6 Stunden lang fest werden lassen, besser aber 24 Stunden, damit der Geschmack schön durchzieht.

Auf knusprige Baguettescheiben streichen und zum Aperitif wie Sekt und Wein reichen oder einfach auf heißen Pellkartoffeln schmelzen lassen.

ZUBEREITUNG Die Zwiebel schälen und in feine Würfel schneiden, den Ingwer schälen und fein reiben. Das Currypulver darüberstreuen und alles mit der Butter vermischen, dann mit Salz und Pfeffer abschmecken. Mindestens 6 Stunden im Kühlschrank durchziehen lassen.

Auch die Currybutter können Sie zum Baguette servieren. Sie ist aber auch eine raffinierte Verfeinerung von kurz gebratenen Fischfilets, Geflügel oder Schweinefleisch. Einfach eine kalte Scheibe auf die heißen Stücke legen und schmelzen lassen. Oder zum Beispiel einfach etwas Currybutter mit gekochtem Reis verrühren.

ZUTATEN

SARDELLEN-KAPERN-BUTTER
125 g weiche Butter
3 Sardellenfilets (in Salz eingelegt)
1 EL Kapern
1 Knoblauchzehe
3 Zweige Thymian
Salz, Pfeffer

CURRYBUTTER
125 g weiche Butter
1 kleine Zwiebel
3 cm frische Ingwerwurzel (vom fingerdicken Stück)
1 EL mittelscharfes Currypulver
Salz, Pfeffer

Türkische Frikadellen

ZUTATEN
für 10 Stück

1 Pf. Lammgehacktes (ersatzweise Rind)

1 Zwiebel

1 Knoblauchzehe

1 EL Olivenöl

2 EL frische Petersilie

1 TL gemahlener Kreuz-
kümmel

1 gehäufter TL edelsüßes
Paprikapulver

1 TL Salz

Butterschmalz, Pfeffer,
Cayennepfeffer

Türkische Frikadellen unterscheiden
sich von der deutschen Variante schon
dadurch, dass kein Schweinefleisch,
kein Ei und kein Weißbrot hineinge-
hören. Dadurch sind sie etwas fester,
außerdem werden sie wesentlich kräftiger gewürzt und anders geformt. Der
Kreuzkümmel gibt dem Geschmack noch
eine ganz besondere Note, die zusätzlich
den besonderen Reiz dieser Frikadellen
ausmacht.

ZUBEREITUNG Das Hackfleisch in
einer Schüssel mit zwei Gabeln auseinanderrupfen und alle Gewürze und die Petersilie darüberstreuen, das Olivenöl dazugießen und zum Schluss die auf einer
Reibe fein geraspelte Zwiebel und die
durchgepresste Knoblauchzehe hinzufügen. Ordentlich mit Salz, Pfeffer und

einer Prise Cayennepfeffer würzen und
alles mit beiden Händen schnell und
gründlich vermengen, bis ein homogener
Teig entsteht. Noch einmal mit Salz
abschmecken, den Teig im Kühlschrank
30 Minuten ziehen lassen. Wenn Sie nun
probieren, sollten alle Gewürze und Kräuter
gleichmäßig gut zu schmecken sein, vermutlich brauchen Sie noch etwas Salz
und Pfeffer.

Aus dem Teig gut einen Zentimeter
dicke, längliche Frikadellen formen und
in Butterschmalz von beiden Seiten je
3 Minuten braten. Warm servieren oder
auf einem Kuchengitter abkühlen lassen.

Soleier

Früher gab es die Soleier in jeder Eck-kneipe, und sie hatten dort wohl vor allem zwei Funktionen: den Bierdurst der Gäste anzuregen und damit diese zwischendurch eine würzige Kleinigkeit zu beißen hatten. Diesen Zweck erfüllen sie auch heutzutage noch, egal, ob auf Partys, Skatabenden oder beim Picknick. Sie helfen sogar beim Kater am Tag danach …

ZUBEREITUNG Kochen Sie die Eier in knapp 10 Minuten hart, schrecken sie mit kaltem Wasser ab und lassen sie abkühlen. Für die Sole kochen Sie 1,5 Liter Wasser mit dem Salz, Zucker und dem Kümmel auf, und rühren Sie so lange, bis sich Salz und Zucker aufgelöst haben. Lassen Sie die Sole abkühlen. Klopfen Sie die Eier so vorsichtig auf den Tisch,

dass die Schale 3 oder 4 lange Sprünge bekommt, und legen Sie die Eier in ein großes Glas. Gießen Sie die Sole darüber, die Eier müssen komplett bedeckt sein, und lassen Sie die Eier darin mindestens 3 Tage ziehen.

Zum Servieren pellen Sie die Eier – nach-salzen brauchen Sie jetzt wirklich nicht mehr. Oder Sie rühren aus Senf, Öl, Essig und etwas Tabasco nach eigener Vorliebe eine kleine Sauce an, die dem Ganzen noch eins draufsetzt. Wenn Sie die Eier längs halbieren und diese Zutaten noch mit den hart gekochten Eigelben ver-mischen, können Sie damit die Eier-hälften im verbliebenen Loch wieder füllen. Und danach dringend wieder ein Bier.

ZUTATEN
für 8 Stück

8 Eier
150 g Salz
2 EL Kümmel
1 EL Zucker
1,5 l Wasser

Bottroper Mettbrötchen

Das Originalrezept für die Brötchen stammt von meiner Mutter, die diese Mettbrötchen in den Sechzigerjahren oft servierte, als wir noch in Bottrop lebten. Da waren auch noch Erbsen aus der Dose mit drin und »Holländerkäse«, wie der Gouda damals noch bei uns hieß. Ich habe mir allerdings erlaubt, das Rezept etwas zu verbessern; oder, falls meine Mutter das hier liest, anders ausgedrückt: Ich habe es neu interpretiert. Jedenfalls schmecken Mettbrötchen auf diese Art immer noch absolut umwerfend und sind bestens geeignet als Stärkung zum Bier bei Fußballübertragungen oder anderen für Männer wichtigen Ereignissen, bei denen gerne Bier getrunken wird. Frauen schmecken sie allerdings leider auch, und egal wie viel man davon macht, eigentlich sind es immer zu wenige.

ZUBEREITUNG   Den Backofen auf 200 Grad vorheizen. Den Bergkäse in sehr kleine Würfel schneiden (maximal ½ Zentimeter Kantenlänge), Zwiebel fein hacken. Den grünen Pfeffer grob mit einer breiten Messerklinge zerdrücken. Alles zusammen mit dem Ei gründlich vermischen und mit Salz und Pfeffer würzen. Die Brötchen längs halbieren und mit den Fingern das weiche Innere herauspulen. Das Mett in die Brötchenhälften füllen und die Brötchen auf ein Backblech setzen.

20 Minuten backen und sofort servieren.

ZUTATEN
für 4 Brötchen (8 Hälften)

4 Brötchen vom Vortag
1 Pf. Schweinemett
150 g Bergkäse (Emmentaler, Allgäuer, Comté)
1 Zwiebel
2 TL grüner Pfeffer aus dem Glas
1 Ei
Salz, Pfeffer

Herrentoast

ZUTATEN
für 4 Toasts

1 Schweinefilet von
etwa 450 g Gewicht
1 Knoblauchzehe
4 Pfirsichhälften aus
der Dose
200 g Schafskäse
Butter, Salz, Pfeffer
4 Toastscheiben

Zu verschiedenen Fußballereignissen wie Weltmeisterschaften präsentiere ich bei WDR 2 immer wieder kleine Zwischenmahlzeiten zur Stärkung für die Halbzeit oder nach dem Spiel. Für diese Herrentoasts können die Pfirsiche ausnahmsweise aus der Dose sein, weil sie süßer sind als frische und deswegen sehr gut mit dem kräftigen Schafskäse korrespondieren. Sie schmecken natürlich auch Frauen und auch ohne Fußballspiel.

ZUBEREITUNG Das Schweinefilet halbieren, salzen und pfeffern, die Knoblauchzehe fein hacken. Die Butter in der heißen Pfanne zerlaufen lassen, den Knoblauch einstreuen und dann die Filetstücke bei sanfter Hitze 8 Minuten von allen Seiten sanft braten, aus der Pfanne nehmen und quer in dünne Scheiben schneiden.

Den Backofen auf 180 Grad vorheizen. Die Pfirsichhälften abtropfen lassen und in Scheiben schneiden, den Schafskäse ebenfalls, die Brotscheiben hell toasten. Die Herrentoasts werden dann so aufgebaut: Toastscheiben dünn mit Butter bestreichen und mit dieser Seite nach unten auf ein Backblech legen. Dann die Schweinefleischscheiben darauf verteilen und mit der Bratbutter beträufeln, die Pfirsichscheiben darüber und das Ganze mit den Schafskäsescheiben belegen. 20 Minuten im Backofen überbacken und servieren.

Waldorfsalat

Kein deutsches Buffet, bei dem man etwas auf sich hielt, kam in den Sechziger- und Siebzigerjahren des vergangenen Jahrhunderts ohne diesen Salat aus, der allerdings schon viel früher im New Yorker Hotel Waldorf Astoria serviert wurde. Heute bekommt man ihn viel zu selten, aber ich finde, er sollte einfach nicht in Vergessenheit geraten, weil er immer noch auf jedem Buffet oder als Vorspeise eine gute Figur macht, allerdings nur mit frischen Mandarinen.

ZUBEREITUNG Wie bei allen Rohkostsalaten kommt es auch beim Waldorfsalat auf das richtige Mengenverhältnis der Zutaten und den richtigen Zuschnitt an. Das bedeutet: den Sellerie in Streifen schneiden, etwa doppelt so dick und etwas länger als Streichhölzer. Sie schälen den Sellerie, schneiden oder hobeln ihn in dünne Scheiben und schneiden diese dann auf die entsprechende Größe zu. Den Apfel ebenso, nachdem Sie ihn entkernt und geschält haben, die Streifen halb so lang wie der Sellerie. Die natürlichen Stücke der Clementinen oder Mandarinen säubern Sie so gut wie möglich vom »Weißen« und schneiden sie in 4 bis 5 Stücke. Die Walnüsse hacken Sie nur relativ grob.

Das kommt alles in eine große Schüssel, salzen und pfeffern, gut vermischen. Jetzt vermischen Sie die Mayonnaise mit einer Prise Zucker, einem Teelöffel Essig, salzen und pfeffern ordentlich und ziehen dieses Dressing sorgfältig unter den Salat. Eine halbe Stunde abgedeckt im Kühlschrank ziehen lassen, dann noch einmal abschmecken, fertig.

ZUTATEN
für 4 Personen

500 g Knollensellerie (etwa eine halbe Knolle)
1 süßsaurer Apfel (z. B. Cox Orange, Elstar)
2 EL Mayonnaise aus dem Glas (etwa 100 g)
½ Becher saure Sahne (10 % Fett, ebenfalls 100 g)
2 Clementinen/Mandarinen
30 g Walnusskerne
Essig, Zucker, Salz, Pfeffer

Gorgonzola-Quiche mit Salbei

ZUTATEN
für eine Tarteform
von 26 cm Durchmesser

FÜR DEN MÜRBETEIG

300 g Mehl

120 g Butter

1 Ei

Salz

FÜR DEN BELAG

250 g Fontina (oder

Raclette-Käse)

100 g Gorgonzola

50 g frisch geriebener

Parmesan

3 Eier

10 frische Salbeiblätter

0,1 l Sahne

0,1 l trockener Weißwein

Muskatnuss

Gleich drei italienische Käsesorten veredeln diesen warmen Käsekuchen deluxe. Doch gerade der frische Salbei und der Weißwein geben ihm eine zusätzliche aromatische Note, die ihn geschmacklich viel leichter schwingen lässt, als man bei der tatsächlichen Käsemenge vermuten würde. Schon der Duft beim Backen ist unwiderstehlich.

ZUBEREITUNG Starten Sie mit dem Mürbeteig. Dazu das Mehl in eine Schüssel schütten, die kalte Butter in kleine Würfel schneiden und locker mit dem Mehl und einem halben Teelöffel Salz vermischen. Dann »verreiben« Sie das Mehl mit der Butter zwischen beiden Händen schnell und kräftig, bis Streusel entstehen, schlagen das Ei über die Streusel und verkneten alles zu einem Teig. Wenn er zu trocken sein sollte, geben Sie esslöffelweise kaltes Wasser dazu, bis er zwar immer noch relativ fest, aber eben auch geschmeidig ist. Den Teig formen Sie zu einer Kugel und lassen ihn in Klarsichtfolie eingewickelt eine Stunde im Kühlschrank liegen.

Für die Füllung den Fontina und den Parmesan reiben, den Gorgonzola in kleine Würfel schneiden, die Salbeiblätter (ohne Stängel) in feine Streifen. Alles in einer großen Schüssel mit der Sahne, dem Weißwein, den Eiern und etwas Muskatnuss gründlich verrühren und quellen lassen.

Backofen auf 180 Grad vorheizen. Den Teig auf einer gut bemehlten Arbeitsfläche ausrollen und vorsichtig in die Tarteform legen, gleichmäßig andrücken, auch an den Rändern. Die Käsemasse kräftig durchrühren, auf dem Teig verstreichen und in etwa 30 Minuten goldbraun fertig backen. Schmeckt am besten lauwarm, aber auch ganz abgekühlt.

Pfälzer Käsebrot nach Schweizer Art

Wenn es gerade ein trüber Herbst- oder Winterabend ist und Sie keine Lust zum Kochen, aber trotzdem Hunger haben, dann ist so ein Pfälzer Käsebrot genau das Richtige. Den restlichen Weißwein nehmen Sie anschließend mit aufs Sofa.

ZUBEREITUNG Das Graubrot schneiden Sie so dick, dass es gerade noch in den Toaster passt, und den Käse so, dass die Scheiben die Brotschnitten komplett bedecken. Nach dem Toasten des Graubrots träufeln Sie den Riesling gleichmäßig aufs Brot, decken es so schnell wie möglich mit dem Käse ab und schieben es auf einer hitzefesten Unter-

lage in den auf 180 Grad vorgeheizten Backofen. Nach spätestens 5 Minuten ist der Käse zerlaufen, er soll nicht bräunen, und die Zeit reicht ja, um ein Spiegelei zu braten. Das kommt vor dem Servieren obendrauf und wird natürlich noch etwas gesalzen und mit grob gemahlenem Pfeffer bestreut.

Wenn Sie es deftiger mögen, nehmen Sie echten Schweizer Greyerzer. Dazu passt natürlich am besten ein trockener Pfälzer Riesling.

ZUTATEN
pro Brot

1 dicke Scheibe herzhaftes Graubrot oder Roggenbrot
80 g Raclette-Käse
2 EL Pfälzer Riesling
1 Ei
Pfeffer, Salz

HELMUT GOTE,
geboren 1957, ist freier
Journalist und Autor. Unter
dem Titel ›Einfach Gote‹
präsentiert er im WDR-Hör-
funk und Fernsehen seine
besten Rezepte und Beiträge
rund um Kochen, Essen und
Genießen. Seit 2006 ist er
Restaurantkritiker des Kölner
Stadt-Anzeigers. Zuletzt
erschien bei DuMont der
Kölner Restaurantführer
›Der Gote‹.

Es ist verboten

sich über das Küchenpersonal
und den Geschmack
der Speisen zu beschweren!

Register

3. Auflage 2013
© 2010 DuMont Buchverlag, Köln
© WDR, Köln
Agentur: WDR mediagroup licensing GmbH
Alle Rechte vorbehalten

Gestaltung: Silvia Cardinal
Fotos: Friedrich Stark, Dortmund
WDR/Fulvio Zanettini: S. 36, 48, 152,
WDR/Thomas Brill: S. 95 (2. v. r.),
101, 121 (r.), 124/125, 143
Produktion: Marcus Muraro
Reproduktion: PPP, Köln
Druck und Bindung: Druckerei Uhl, Radolfzell

Printed in Germany
ISBN 978-3-8321-9614-1

www.dumont-buchverlag.de